徐霞客

嗨！有趣的故事

朱千華

Hi! Story

中華教育

【出版說明】

在文字出現以前，知識的傳遞方式主要就是語言，靠口耳相傳的方式記錄歷史與情感表達。人類的生活經歷、生命情感也依靠著「說故事」來「記錄」。是即人們口中常見的「傳說時代」。然而文字讓「故事」不僅能夠分享，還能記錄，還能更好更廣泛地保留、積累和傳承。

《史記》「紀傳體」這個體裁的出現，讓「信史」有了依託，讓「故事」有了新的準則：文詞精鍊，詞彙豐富，語言精切淺白；豐富的思想內容，不虛美、不隱惡。選擇人物一生中最有典型意義的事件，來突出人物的性格特徵，以對事件的細節描寫烘托人物的情感表現，用符合人物身份的語言，表現人物的神情態度、愛好取捨。生動、雋永而又情味盎然。

「故事」中的人物和事件，從來就是人類的「熱門話題」。她是茶餘飯後的趣味談資，是小說家的鮮活素材，是政治學、人類學、社會學等取之無盡、用之不竭的研究依據和事實佐證。

中國歷史上下五千年，人物眾多，事件繁複，神話傳說與歷史事實並存，正史與野史交錯互映，頭緒繁多，內容龐雜，可謂浩如煙海、精彩紛呈，展現了中華文化的源遠流長與博大精深。讓「故事」的題材取之不盡，用之不竭。而其深厚的文化底蘊如何呈現，怎樣傳承，使之重光，無疑成為《嗨！有趣的故事》出版的緣起與意趣。

《嗨！有趣的故事》秉持典籍史料所承載的歷史精神，力圖反映歷史的精彩與真實。深入淺出的文字使「故事」更為生動，更為循循善誘、發人深思。

《嗨！有趣的故事》以蘊含了或高亢激昂或哀婉悲痛的歷史現場，以對古往今來無數先賢英烈的思想、事蹟和他們事業成就的鮮活呈現，於協助讀者不斷豐富歷史視域和深度思考的同時，不斷獲得人生啟迪和現實思考、並從中汲取力量，豐富精神世界，在實現自我人生價值和彰顯時代精神的大道上，毅勇精進，不斷提升。

#【導讀】

徐霞客，原名弘祖，字振之，號霞客，是中國十七世紀偉大的探險家、地理學家。雖生於名門望族，卻不屑舉業，志在五嶽。他的足跡東起江浙，南抵閩粵，北至燕冀，西達雲貴，遍及今天十九個省、市、自治區。

徐霞客一生布衣，每次出行，都是自費考察，同伴只有僕人、友人。他竹杖芒鞋，或躑躅於深山老林之中，或攀登於陡崖峭壁之上，或匍匐於野寺古洞之內。這種不畏艱險、孤軍深入的考察，常使自己陷入險地，但他一直堅持身臨其境，以獲得第一手材料。

考察中國的大西南，是徐霞客一生中史詩般的壯舉。他跋涉蠻荒，一路上危機四伏，險象環生：三次遇盜，數次絕糧，滾落山坡，跌入深淵……面對重重艱難險阻，徐霞客毫無畏懼，他說：「任何情況都不能改變我的意志，我扛著一把鐵鍬而來，中華大地何處不能埋葬我的身軀？」

徐霞客是世界上對岩溶地貌（又稱石灰岩地貌、喀斯特地貌）進行大規模考察，並作詳細紀錄和深入研究的第一人。他橫穿雲南，對金沙江、瀾滄江、怒江諸水實地調查勘測，寫成《溯江紀源》（又稱《江源考》）和《盤江考》，詳細論證長江和盤江的水源，肯定金沙江為長江上源，為後人留下了扎實的地理資料。他不因循守舊，也不迷信典籍，而是大膽懷疑，小心求證，在科學考察的歷史上樹立了一座豐碑。

徐霞客窮江河之淵源，尋山脈之經絡，為後世留下了六十餘萬字的地理考察鉅著——《徐霞客遊記》。這部鉅著，極具科學價值，文學價值也很高，被譽為千古奇書。

目錄

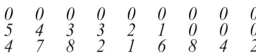

少蓄五嶽之志

晚明萬曆年間，南直隸江陰縣（今江蘇省江陰市）暘岐村的徐家大院，剛剛完成了一次分家，徐有勉分得了作為家中學堂的湖莊書屋。沒多久，徐有勉喜得一子，這是他的第二個兒子。大兒子弘祚已經二十一歲了，對這個晚來的兒子，徐有勉與妻子王孺人都格外珍視，他們給兒子取名弘祖，小名祖兒。

祖兒長大成人後，喜歡遊歷名山大川，有一次去拜訪隱居佘山的著名書畫家、文學家陳繼儒，兩人一見如故。他們同遊佘山，只見四野寥闊，滿天霞光，陳繼儒說：「我送你個別號吧，叫霞客，希望你無論走到哪兒，都有霞光照耀。」後來人們都以這別號稱呼他：徐霞客。

徐霞客七歲的時候，徐有勉花了大價錢，為他聘請了一位以教學嚴謹而遠近聞名的塾師吳先生。

吳先生對祖兒管教十分嚴苛，若背不出課文，就拿戒尺抽打手心。祖兒被先生打手心是家常便飯。他對記那些枯燥的《四書》、《五經》不感興趣，卻喜愛窗外那棵老樟樹，上面有各種鳥兒嘰嘰喳喳，在樹枝上跳來跳去，很是熱鬧。

看到兒子的小手心被塾師用戒尺打得通紅，母親王孺人非常捨不得。王孺人疼愛祖兒，有個重要原因，因祖兒是老來子。王孺人四十二歲時，才懷孕生他。如今，老大已成家，老二才上私塾。所以，祖兒成長的每一步，王孺人都特別關注。

其實，王孺人看到祖兒的小手心被打得通紅，已有好幾次了。打祖兒的小手，就是在打她的心。王孺人本想對塾師說點什麼，卻一直忍著。今日祖兒的小手心比往日還要紅腫，她再也忍不下去了。

王孺人對塾師說：「吳先生，祖兒那麼小，怎麼可以打他手心？」

對於王孺人的質疑，塾師有些詫異。打手心是塾師最常用的教育手段，得到眾多父母認可。

塾師回答：「自古道，棍棒出孝子，嬌養忤逆兒。孩子不打不成器。」

王孺人說：「嬌生慣養、縱容溺愛固然不可。但學童年幼，頑劣乃是天性，《論語》中也說，夫子循循然善誘。學童學不好，老師也要反省，課徒方法是否得當。」

東家話說到這份上，這位以嚴苛著稱的塾師，無法再教下去，只得請辭。

徐霞客的第二個塾師，大家都稱他季先生。

這位季先生帶來個幼童，五六歲的樣子。剛來暘岐村時，季先生抱歉地對徐有勉說：「老爺，這是我娃，小名良兒。您放心，他很乖，就讓他坐在旁邊聽聽。」

徐有勉看那孩子，木訥，笨笨的樣子，坐在那裏一動不動，就說：「季先生客氣了，這是小事，無妨，讓他和弘祖坐在一起聽課。」

季先生果然不俗。為讓徐霞客安心聽課，他採取非常手段，將《四書》、《五經》與《山海經》、《水經注》等閒書放在一起，錯開教學。全新課徒法果然奏效，徐霞客不但認真聽講，而且聽得入迷，津津有味。

一次，師生二人講讀《山海經》。徐霞客問：「書上那些，都是外地仙山。我們這裏也有仙山嗎？」

季先生說：「有啊，怎麼會沒有呢？我帶你去看。」正是春日。季先生帶著徐霞客和良兒，從學堂走到戶外，徐霞客覺得一切都很新鮮。離家不遠，有座勝水橋，立在橋上，可綜覽暘岐村全貌。此橋原是木橋，後來徐有勉將它改成高高的石拱橋。

師生登上勝水橋，橋下好大一條河。不遠處大小山峰，連綿數十里。季先生指著最近的一座山說：「此謂花山，白霧繚繞，這就是我們暘岐村的仙山。」

徐霞客十分好奇，問：「花山上有神仙嗎？」

季先生神祕地說：「輕點聲。那麼好看的山，怎麼會沒有神仙呢？」

那天，師生從勝水橋回到書屋，興致很高，熱烈地談論著仙山的故事。季先生告訴霞客：「那花山上住著仙人，能從這山飛到那山，還能呼風喚雨。每天晚上我們睡覺的時候，仙人就在整個村子裏遊蕩，捉拿惡人。」

晚上，徐霞客瞪大眼睛，他在想，仙人是否進到村裏了？等著等著就進入了夢鄉。

第二天，季先生急匆匆來找徐有勉夫婦，說徐霞客一直沒到學堂來上課。一時間，徐府上下炸了鍋，找遍各處角落，也未見徐霞客人影。最後，可能意識到事態嚴重，躲在樹下默不出聲的良兒感到害怕，他告訴父親，徐霞客到花山找仙人去了。

儘管還未走到花山就被徐府趕來的僕人們捉了回去，可徐霞客已經明白：學堂外面，原來還有那麼多新奇有趣的事。就像行走的大路，從勝水橋一直走，路就一直向前延伸，每走一段，都會遇見新鮮光景。

良兒寡言少語，讀書認真。此後，他多了個任務，霞客到哪裏，他就跟在後面，遠遠看著，如果他再次外出找仙人，要立即報告。

幾十年後，那個叫良兒的幼童，與徐霞客情如兄弟，並承父衣缽，成了徐家的塾師，為徐霞客的幾個兒女講課。更重要的是，徐霞客臨終前，將傾注一生心血的六十萬字日記手稿，託付他整理。他叫季夢良。

徐霞客十五歲時，從暘岐村去江陰城參加過一次縣學考試。答卷洋洋灑灑，十分順利，沒有想到放榜時名落孫山。徐霞客十分鬱悶，決定去江陰名勝黃山寺散心。

黃山寺位於城北四里處。徐霞客登上黃山峰頂，極目遠眺，萬頃碧空之下，浩蕩無邊的長江一瀉千里，奔騰東去。徐霞客不由發出一聲喝彩：「好一條大江！」

面對滾滾東逝的長江，徐霞客激情澎湃，考試落榜的煩惱，早拋到九霄雲外。

徐霞客的喝彩聲，引來一個人。此人四十歲左右，面帶微笑，對徐霞客說：「如果我沒猜錯，此次縣試，相公考得不理想啊！」

「慚愧。先生如何知曉？」

「一般來說，能夠通過縣試的學子，此刻必定興高采烈，在城中酒樓歡慶。只有落榜之人，才會到這江邊落寞的黃山寺，思考今後的人生。其神情必然憂鬱，落落寡歡。」

徐霞客見自己的心事被人家看得如此透徹，暗自慚愧。

中年人笑道：「考不上又如何？我當年也沒考上。人生苦短，大丈夫活在世上，一輩子若為考試所累，豈不悲哉，豈不惜哉！你看天地江山如此雄闊，什麼功名仕途，不過煙雲。」

徐霞客第一次遇到如此灑脫之人，十分好奇，問道：「沒有功名，又如何人生？」

「一個人是要一輩子為功名所累，還是踏遍萬水千山，去尋覓活著的意義？面對選擇，不同的人會有不同的困惑。」

徐霞客愈聽愈覺得新鮮，後來才知道，眼前這位瀟灑之人，正是江陰著名詩人許學夷前輩。

徐霞客問道：「前輩，您認為該如何解決這個困惑？」

許學夷望著江水，目光深邃，對徐霞客說：「其實，解決人生中很多困惑和難題的答案，都在路上。當你走上一條路，就會忘記身後熟悉的世界，到一個陌生的地方開始冒險之旅，無論是怎樣一段旅程，你都會得到所有的答案。」

「在路上」，多麼新穎的想法啊。徐霞客心中豁然開朗，想起童年時去花山尋找仙人，從那時起，自己就已在路上了。

許學夷說：「你看對岸那座小山，叫孤山，千百年前，這片地域還是汪洋大海，孤山就一直在大海中。滄海桑田，它至今仍立在那裏。還是杜工部看得透：『爾曹身與名俱滅，不廢江河萬古流。』我們可不要辜負了這亙古的江山，不要辜負了永恆的大地。」

徐霞客受到許學夷的啟發，他說：「終有一日，我將走在路上，我想踏遍三山五嶽，我要窮江河之淵源，尋山脈之經絡。」

許學夷深為讚許。兩個落榜之人相見恨晚，遂成莫逆之交。他們曾數次前往太湖、蘇州、無錫等地，進行過一些短途旅行。

透過觀察，許學夷覺得徐霞客已無意科考仕途，但卻胸懷五嶽之志。更可貴的是，許學夷在他身上發現了一種執著的探索精神，這讓他很滿意，並由此對這個小伙子刮目相看。

後來，許學夷將愛女許心慈嫁給了徐霞客。

母親的影響

一般家庭，大多是父輩性格影響子女。但徐霞客不一樣，他後來之所以越險阻、染霜雪，馳騖數萬里，躑躅三十年，卻和母親王孺人的言傳身教分不開。

王孺人娘家在江陰城，也算是大戶。王家這位小姐不同凡響，從不嬌生慣養，而是喜歡女紅，善理紡織、桑麻、蔬果之農事。總之，王小姐在性格上，不像大家閨秀，她整潔大方，生性好動，對一切新奇事物都充滿濃厚興趣。

在嫁給徐有勉之前，王小姐還有一段傳奇經歷。

明朝從隆慶到萬曆的幾十年間，正是海上倭寇最為猖獗的時期。江南常州府一帶，是物產豐饒的魚米之鄉，倭寇虎視眈眈，覬覦已久。

一天，倭寇侵犯江陰縣城。由於城門防守嚴密，倭寇只能翻城牆而入。他們先把鐵三爪甩向牆頭，勾住牆垛，再順繩上爬，進入城內，奔向各個富戶人家。城東王家是倭寇們首要光顧的地方。

在江陰城內，倭寇受到了守城將士與民眾的頑強阻擊。倭寇為保存實力，並不戀戰，且戰且退。其中一寇落單，獨自逃竄，明軍在後緊追不捨。路過王家大院門前，正好從門內走出一女子，臂彎裏挎著一隻竹籃，倭寇出其不意，從後劫持，女子遂成人質。

很快，明軍把倭寇團團包圍。倭寇垂死掙扎，以刀抵住女子頸脖，與明軍對峙。

倭寇沒有想到，這位看似軟弱的嬌小姐，並不是平日裏任由他們欺辱擺佈的弱女子。倭寇與明軍對峙的同時，女子的手已悄悄伸入竹籃，拿出一枚工具，然後使出全身力氣，猛地戳進倭寇的身體。

那工具十分鋒利，一招制敵。倭寇慘叫一聲，女子像泥鰍一樣脫身而去。女子竹籃裏所裝的，是幾枚尖銳的、被磨得滑亮的織布機機梭，比起利刃，機梭更加順滑有力。

那位勇敢的女子正是王家大小姐，她剛要把這幾枚修好的機梭送到自家的織坊，沒想到卻被劫持了。十七歲時，她嫁給了暘岐村的徐有勉，成為十里八鄉最傳奇的女性。

徐霞客經常聽鎮上的人說起母親，繪聲繪色講她一把機梭鬥倭寇的故事。一次，徐霞客問：「阿娘，當時您不害怕嗎？」

王孺人淡淡地笑道：「要說不害怕，那是假的。重要的是，要學會隨機應變，無論遇到任何困難，都不能慌，要冷靜，凡事總會有辦法解決。」

後來，徐霞客走上探險之旅，無數次死裏逃生，王孺人膽大心細的性格，給了他很大的影響。

王孺人在娘家時，已有織布、管理織坊等技能，嫁與徐有勉後，見徐家織坊衰落，遂重新打理，同時開墾野坊村一帶的蘆葦灘，讓佃戶們種桑養蠶。

王孺人不但有一手絕好的織布手藝，還會設計各種花色布紋。徐家所產織品，供不應求。徐霞客的好友陳繼儒，撰有一篇〈豫庵徐公配王孺人傳〉，這樣評價：「孺人織布精好，輕弱如蟬翼，市者輒能辨識之。」就是說，布料精美，薄如蟬翼，購買者一看就知道，是老徐家織的布。

在王孺人的精心打理之下，徐氏織坊擁有織機二十餘架，紡紗織布已成為徐氏家族的重要產業。並且因徐氏布料品質優良，有極好的聲譽，藉水路之便利，一直遠銷到松江等地。

徐家的產業蒸蒸日上，為徐有勉、徐霞客父子倆出門旅行提供了重要的資金保障。萬曆三十二年（一六〇四年），徐有勉足疾復發，引起哮喘，病得厲害。

徐有勉臨終前，招來家族成員，囑咐王孺人：「我已日薄西山，去日無多。家中諸子，老大弘祚、老二弘祖，可分得徐氏家業。至於小兒子弘禔，本是庶出，切不可與兩位哥哥分得同樣家產。但你念他年幼，孤兒寡母也是不易，由你酌情分些便是。」

王孺人說：「老爺，此話差矣。弘禔雖是庶出，但也是你的骨肉。既由我做主，所有家財，三個兒子等分繼承才好，斷不能有絲毫差別。否則，讓外人笑話，說我徐家無情無義。這樣的罵名，我斷然不會接受。」

徐有勉說：「如此甚好。老二，你過來。」

徐霞客來到父親跟前。徐有勉說：「我們徐家，你讀書最多。雖無緣仕途做官，但希望你按照自己的願望去生活。汙濁的官場，何必硬要擠進去弄髒自己？只是，不管你去哪裏，到了何方，都要及時歸來，不要讓你母親擔心。」徐霞客一一應諾。

徐有勉去世後，徐霞客到江陰迎福寺，請住持蓮舟上人來家中做法事。閒談中，徐霞客發現，他與蓮舟也很投緣。蓮舟曾雲遊四方，各種見聞如數家珍，說得徐霞客心癢難忍。兩人約定，有朝一日同遊山水。

徐霞客在暘岐村拒絕外界的一切應酬，為父守孝，整整三載。

有一天，王孺人找到徐霞客說：「祖兒，可苦了你，現在三年孝期已滿，你好好放鬆自己，出去散散心吧。你看，我給你做了一頂帽子，叫『遠遊冠』。」

王孺人不僅支持徐霞客探遊山水，還親手為徐霞客縫製了這頂帽子。她說：「祖兒，看你的臉曬得這麼黑，為娘心裏難過，這頂遠遊冠，是我特意為你做的，可遮陽擋雨，冬日還可防寒，一冠多用，最適合你。」

徐霞客心想，還是母親知道自己的心事。

此後的幾年間，徐霞客戴著母親縫製的遠遊冠，和家僕顧行一起，到北方、中原、東部地區旅行過數次。徐霞客眼界大開，他發現這世上還有鮮為人知的千山萬壑與更為壯闊的浩蕩江河，以及令人神往的無盡碧空和磅礴大地。

尋找雁湖

徐霞客為父親守孝期間，詳細閱讀了湖莊書屋裏的一些藏書，尤其對《大明一統志》產生了濃厚興趣。書中有這樣一段記載，雁蕩山（位於今浙江溫州東北海濱）之巔，有個雁湖，蘆葦叢生，結草成蕩，方圓十里。成群大雁棲息湖邊，牠們朝沐霞光，暮送落日。雁蕩山著名景觀大龍湫瀑布的水源，即來自雁湖。

元代文學家李孝光曾住在雁蕩山下。他自言，每年都要率三四人至山中覽勝，並寫有大量雁蕩詩文，說李孝光是位「雁蕩通」並不為過。一次，有個僧人至李孝光家化緣，自述曾在雁蕩山之巔的雁湖畔待過一段時間。和尚繪聲繪色地說起雁湖種種神奇的景象，比如，在雁湖崗可望見溫州城和甌江，雁湖崗的老鼠大如狐狸，竟與人相向而坐……

僧人一番話，說得李孝光十分心動，遂詳細問明路徑，打算用兩天時間去雁湖一遊，最後卻未去成，只走到梅雨潭。

徐霞客查閱李孝光詩文，似乎一生都未見過雁湖，遂產生一個疑問，雁蕩山之巔，果真有此神祕的雁湖嗎？

徐霞客找到好友，江陰南街迎福寺的住持蓮舟上人，說出自己的疑惑，希望蓮舟一同前往雁蕩山考察。蓮舟答應了。

徐霞客帶了兩個家僕顧行、王二，和蓮舟上人一起離開天台山（位於今浙江天台城北），乘船南下，繞過台州府城，然後抵達黃岩，登上盤山嶺，縱目遠眺，雁蕩山諸峰已遙遙在望，就像無數木芙蓉，直插藍天。

雁蕩之美果然名不虛傳：斷崖峭壁，猶如刀削斧劈，山成半片，直立千仞。但是，方圓十里的雁湖在哪裏呢？

根據《大明一統志》記載，首先需要找到大龍湫瀑布，然後溯水而上，才可以找到雁湖。

那天，徐霞客一行從靈巖寺山門出來，沿山麓右行，一路上但見山崖參差，流霞映彩。大龍湫太有名了，一問過路僧人，大家都很熟悉，說很快就到了。

大龍湫瀑布劇烈的轟鳴聲已經傳到耳際。再往前，沿山溪而行，峰回壁合，天下聞名的大龍湫赫然出現在眼前。只見一條如白練般的瀑布，半空雪舞，無所依傍，又似轟雷倒雪，令人目眩心驚。

看到如此驚心動魄的大瀑布，徐霞客心想，水量如此之大，那山頂雁湖之水，則可想而知該有多豐沛。

既已找到大龍湫，找到水源也就是輕而易舉的事了。書上記載得很清楚，大龍湫水源來自雁湖，雁湖應該在後面不遠的地方。

此時，徐霞客還只是懷疑，山頂上是否真有雁湖。他並不知道，《大明一統志》上「大龍湫水源自雁湖」的記載，是個以訛傳訛的錯誤。為此，徐霞客差點命喪雁蕩。

徐霞客和蓮舟在附近的亭子裏坐了許久。大家欣賞著大龍湫的壯觀氣象，想著天下聞名的景觀就在眼前，真是令人陶醉。忽然間，濛濛細雨下個不停。

「大龍湫已找到，雁湖即在山後，是否繼續前行？」蓮舟年齡大了，走山路有些吃力，他覺得可以盡興而歸。

「看這水勢，山頂上的雁湖定然廣闊無邊，既來此，焉能不去觀賞？如果您太累的話，可以先下山休息，等我回來。」徐霞客意猶未盡。他想找到雁湖，親眼看一下山頂的壯闊奇景。

「不，我和你們一道上山。走，找雁湖。」蓮舟也不想半途而廢。

徐霞客一行冒雨繼續趕路。可群山茫茫，雁湖在哪裏呢？

到達常雲峰後，再由半道攀登上山，經過三里多非常陡險的石階，到達白雲庵。這是一座荒蕪坍塌的小廟，奇怪的是，還有個和尚躺在灌木叢中。

「請問師父，去雁湖怎麼走？」徐霞客上前問道。

那個寺僧不知是不是沒聽懂，一聲不吭。

「師父，請問去雁湖，從這兒可以找到嗎？」

徐霞客再問。

還是沒有回答。蓮舟繼續問，那寺僧也不答，指了指自己的耳朵。大家都明白了怎麼回事。既已至此，不管前面是否有雁湖，只得繼續前行。

再行一里路，遇到一個小廟，叫雲靜庵，徐霞客看看天色將晚，決定在此投宿。進入寺內，看到一個老和尚，法名清隱，正臥病在床，據他說，身上的病已有幾十年了。不過，現在還能與客人談笑。徐霞客問雁湖所在，清隱說，他知道，但離這裏頗遠。

徐霞客放心了。大家展開被捲，在這個荒蕪的野寺中棲息。

寺外雨聲淒淒。想到明日即可見到傳說中的雁湖，真相即將大白，徐霞客夜不能寐，直至天明。

次日，天氣晴朗。大家在寺中吃過早點，想早點趕路。

「清隱師父，我們初次進山，不知雁湖在何處，能否請您的徒弟幫忙做個嚮導？」徐霞客問。

「那雁湖，水中長滿蘆葦水草，有的已變成荒蕪的溼地，實在沒什麼可看的。」清隱似乎不太願意讓徒弟帶路。

「我們請您的徒弟，也會給廟裏添一些香火錢。」徐霞客讓顧行拿出半兩銀子，放在清隱的床頭。

「徒弟要到別的地方去，這樣吧，可以送你們到一座山頂，然後你們就自己走。」清隱折中了一下，想出這個辦法。

「這樣也好，不然，迷路就麻煩了。」徐霞客心想，嚮導帶一段路，再指明方向，應該不會走錯了。

大家繼續出發。每人手握一根枴杖，在深草叢中攀登，一步一喘，走了數里路，才到達一處高峰。四下一望，白雲瀰漫，平鋪在山峰之下。諸峰朵朵，僅露峰頂，日光照耀之下，就像冰壺瑤台，分不清是海洋還是陸地。

做嚮導的和尚說，他只能到此了，先告退。至於雁湖，還比較遠，在西部的一座山峰上，需要翻越三道尖峰。

徐霞客只得繼續前行。按嚮導所指的方向，他們越過一座山峰，發現前路已斷絕。山勢愈來愈陡，蓮舟說：「不對啊，路都沒了，怎麼找到雁湖呢？」

徐霞客的心涼了半截。蓮舟有些吃不消，說：「我們一起回去吧。這裏不像是有雁湖的地方。」

徐霞客想了一下，決定讓蓮舟沿原路下山。他們主僕三人，在荒無人跡的山間繼續翻山越嶺。

山愈來愈高峻，山脊也愈來愈狹窄，兩邊的岩壁相夾，十分陡峭，好像行走在刀背之上。

走到這裏，徐霞客也感到疑惑，看看四周，這裏山峰林立，山谷幽深，又怎能容下一個雁湖呢？他是照嚮導指引的方向行走的。是嚮導指錯了路，還是迷路了呢？

徐霞客在懸崖上躊躇再三，由來路返回，心有不甘。往下看時，隱約可見，有一塊小石級。徐霞客決定，從那兒下山，或許能找到通往雁湖的路。

但是，主僕三人處在一塊懸空的岩石上，卻無路到達下面的石級。徐霞客想出一個辦法，讓顧、王二僕脫下纏腳布，共四條，接成布繩，一頭繫在松樹根上，一頭懸空垂下，三人可順布繩滑下去。

顧僕先下。風太大，他說什麼，上面的徐霞客沒聽清。

徐霞客準備第二個順布繩滑下去。當他滑到下面時才發現，那是塊很小的石階，顧行已站在那裏，再也容不下第二個人。怎麼辦？

當時，徐霞客雙手握著布繩，一隻腳踮著石階，另一隻腳懸空，顧行又不敢拉，怕把自己和徐霞客都拖下山崖。因腳下不穩，一陣風吹來，徐霞客開始淩空飄蕩。腳下面，正是崖壁，深不可測。

徐霞客像個掛在枯籐上的吊瓜，在崖邊盪來盪去。顧行很著急，想拖拽主人，徐霞客命他別動。否則，兩人都有可能被拽落深谷。

布繩在凸出的岩石邊磨來磨去，忽地響起撕裂聲，布繩斷了！

就在布繩斷裂快要落下的那一刻，徐霞客迅速把斷布條扔給顧行，用雙手死死抓住石塊的邊緣，整個身子懸空在那裏。

就在命懸一線之際，徐霞客想起勇敢的母親，她在頑寇刀下能脫身，我也一定能脫險。冷靜，沉著，辦法總會有的！

徐霞客觀察了一下，發現如果顧僕舉起手，可以把斷布繩接上。他對顧行說，快，把布繩接上！

顧行立即將斷布繩打結，他從小到大，沒經歷這麼危險的事，渾身哆嗦，愈是害怕，愈是緊張，打了幾次結，才把布繩接上。

而此時，徐霞客正用盡全身力氣，雙手緊緊抓住石塊。他知道，這個時候絕不能鬆手，否則就會粉身碎骨。

顧行把打結的布繩，放到徐霞客面前。

徐霞客雙手扯住布繩，竭盡全力上攀，騰空跳躍，終於回到上層的松樹下。後來，徐霞客與王二一起，把顧行拉上來，主僕二人這才脫離險境。

這驚險的一幕，讓徐霞客渾身溼透。主僕三人在松樹巖坐了半晌，徐霞客看看四周，終於明白，這山壑重重，幾無立足之地，怎麼可能會有湖泊存在？如果有，那肯定是在別的地方。至少有一點可以肯定，大龍湫的水源，絕不是雁湖。

主僕三人，原路回到雲靜庵。此時太陽西墜，大家的衣服鞋子全都弄得破爛不堪。沒有找到雁湖，徐霞客心情很鬱悶，遂告別清隱師徒下山。

初尋雁湖遇險，幾乎葬身崖壑，徐霞客第一次探尋雁湖以失敗告終。但是，尋找雁湖，永遠是徐霞客心中的一個結。

將近二十年之後，在崇禎五年（一六三二年）四、五月之交，徐霞客再次來到雁蕩山。這年，他已四十七歲。此時的徐霞客，已經積累了相當豐富的登山探險經驗。這次，他取道西外谷上山，幾乎沒費什麼周折，便非常順利地找到了雁湖。

行走途中，徐霞客望了望遠方的那道山梁，想到從前探訪雁湖，為斷崖所阻，凌空飛躍的驚險一幕，歷歷在目，無法忘懷。

徐霞客對雁湖做了詳細的考察和紀錄。雁蕩山頂確實有雁湖，但不同於人們想像的那樣，雁湖不是一個大湖泊，而是由六個以上的小湖組成，蘆葦密佈，青青彌望。

他還說明了雁湖水的走向，與大龍湫瀑布風馬牛不相及。

至於「巨蕩高山頂，平鋪十里多」云云，不過是未曾見過雁湖的詩人們，在家閉門造車的想像和誇張，信他不得。

我本痴人

萬曆四十四年（一六一六年）二月，徐霞客前往黃山。初三日，大雪盈尺。徐霞客隨樵夫行進於皖南山間，深一腳淺一腳，走了很久。樵夫說，祥符寺到了。

黃山近在眼前，徐霞客決定在祥符寺住下。寺僧見來人面色黝黑，相貌清奇，談吐不俗，遂將祥符寺與黃山典故一一道來。李白、賈島、杜荀鶴、范成大等大詩人曾相繼在此遊覽，留下無數詩篇。宋代祥符寺住持行明，將收藏的《黃山圖經》刻印成書，山峰、溪流等一一標注，黃山之名日盛。

「請問法師，何處可沐浴？」徐霞客問。

「您看這雪天奇寒，滴水成冰，衣服一脫，身子就能凍透，即使是溫泉，那也需等待春暖花開，方可沐浴。」寺僧有些吃驚。

「黃山名剎無數，乃佛教聖地。山下設泉者，乃山神所為。凡人上山，務必沐浴更衣，以示對神佛敬仰。」徐霞客說。

「湯泉隔溪可見。」寺僧聞言，連連稱是。

徐霞客從祥符寺渡過小溪，果見一溫泉，霧氣繚繞，一片朦朧。溫泉前臨溪水，後倚岩壁，三面砌以石塊，上面架石條，像橋一樣。泉水深三尺，冬日寒冷，然泉水甚旺，池外寒風飄雪，池裏熱氣蒸騰。水泡從池底汩汩冒出，空氣裏瀰漫著清香。

沐浴半晌。壁上「一洗紅塵」四字，十分醒目，徐霞客看了，笑笑，心上蒙塵能洗嗎？湯池水汽淋漓，徐霞客鬚髮溼透。他想到三年前，自己在水中赤足而行的情景：

天台石樑下，山溪洶湧，其勢如萬馬奔騰。

離瀑布一百多米遠的地方，有一座造型簡潔的石橋，叫作仙筏橋，是瀑布下游的第一座橋。徐霞客對蓮舟上人說：「您先去下面的那座橋上等我。我從下面蹚水過去。」

蓮舟知道徐霞客的脾氣，總喜歡另闢蹊徑，就由著他，自己往仙筏橋走去。

徐霞客脫去鞋襪，走進冰冷的山溪之中。

雖是立夏時節，水還是很涼，如同走在冰塊上。他的身體浸泡在溪水中，摸索前行。水裏卵石長滿青苔，稍不留神就會滑倒。走著走著，徐霞客感覺腳底十分柔軟，他看到水下都是油油的水草，感到快慰而且舒坦，這種感覺，從來都不曾有過。

徐霞客很享受這種在水裏赤足而行的感覺，就如同現在，浸泡在山野的溫泉中。

良久，徐霞客走出泉池，面對群山，赤身坦蕩，張開雙臂，讓雪花飄滿胸膛。泉水洗身，雪花沐心，正可蕩滌肺腑。

這天，大雪封門。徐霞客放棄趕路，獨坐禪房，聽雪一日。

世人多看雪。所謂雪落無聲，哪有聽雪的？

徐霞客的好友陳繼儒曾說，春聽鳥聲，夏聽蟬聲，秋聽蟲聲，冬聽雪聲。

徐霞客盤腿而坐，如老僧入定，諦聽雪聲。大凡猛雪，即可聽見雪灑竹林，淅淅瀝瀝，蕭蕭落下。竹上積雪愈多，雪聲愈重。

隨著風聲與竹葉摩挲，雪聲輕重緩急，聲韻如玉簫悠然，忽而旋風驟然壓來，積雪斷竹，啪啪之聲不斷，雪團轟然墜地，散成碎片，卻又如檀板驚夢，讓人陡覺寒氣彌增。

徐霞客安靜地盤坐著，雪安靜地下，耳裏、心裏、室外只有雪，物我兩忘，到處都是落雪的聲音。此等天地大美，又豈是尋常人等能夠看到的？

大雪封山，已有三個月。雪還在下。徐霞客想等雪停再上山，看看天氣，雪完全沒有停息的意思。

慈光寺的僧人告訴他，去山頂幾個寺廟的路，都被厚厚的積雪封閉，早上派人往山頂送糧，因積雪太厚，無法通行，只好返回。

徐霞客決定，不再等待。他找到一位嚮導，各自拿著一根竹杖，準備上山頂。

離開慈光寺數里，石級愈來愈險峻，積雪也愈深。背陰的地方積雪成冰，堅硬而且溜滑，不能落腳。

嚮導問：「徐先生，此漫天大雪，行路如此艱難，您上山是要尋找什麼東西嗎？」

徐霞客不知該怎麼回答他，就說：「是啊，不找東西，我上山做什麼？」

徐霞客走在前面，他用手杖鑿冰，鑿出一孔，放置前腳，再挖一孔，挪動後腳。

忽然，有兩個寺僧彷彿從天而降。他倆走到近前，合掌施禮，說：「我們被大雪阻隔山中，已有三月，現在勉強出來尋糧。渾天大雪，你們如何上得山來？」

徐霞客只說去光明頂。

順著寺僧指引的蓮花峰，向北走，上下好幾次，終於到達天門附近。

嚮導又說：「徐先生，若不是要緊事，我們返回還來得及，前面的天門，就是鬼門關，若無雪時，尚且難行，今大雪沒腰，危險異常。恐行不得也。」

徐霞客笑著說：「愈是有雪，愈是謹慎，所以行得。」

天門兩側，壁如刀削，陡直相夾，中間窄小，只容一人摩肩而行。高數十丈，仰面看去，陰森黯然，令人毛骨悚然。

天門裏，積雪更深。徐霞客依然鑿冰攀登。

經過千辛萬苦，徐霞客終於如願以償，登上光明頂。

光明頂上有塊巨石，石上有棵怪異的老松，盤根錯節。徐霞客爬上巨石，席地而坐，只見天都、蓮花兩峰在前方並肩而立，翠微、三海門在後面環繞。向下看去，極其陡峭的山崖和峻峭的山嶺，都在大山塢中了。

冰天雪地上，徐霞客獨然而坐。

良久，嚮導走到徐霞客身邊，問道：「徐先生，恕在下冒昧，有一事實在不明，想請教。您看這大雪天，不在家燒火取暖，圍爐煮酒，與家人團聚，共享天倫，卻不惜捨身，冒死登山。黃山再美，不值得您如此冒險啊。我是家貧，掙點銀子。而您，卻又為何故？」

徐霞客回答說：「我是痴人。」

在嚮導眼睛裏，如此怪僻的行為，也只能是痴人了。

交遊黃道周

福建漳州府漳浦縣城北，有一座普通的山嶺，名北山。由於位於北郊荒野，平常遊人極少。漳浦城中百姓，亦少有人至此。久之，成為一片荒園。再後來，成為一座墓園。那段時間，儒學大師黃道周（號石齋）因父親病故，辭官返鄉，在北山墓園旁邊，結廬守墓。

黃道周學識淵博，治學嚴謹，他既是書畫家、文學家，更是一位正氣凜然、忠貞為國的廉吏名臣。

崇禎元年（一六二八年）四月初的一天。

那日，黃道周正在草廬中讀書，偶一抬頭，忽然看見父親的墓前，來了一個面色黝黑、身材瘦高的中年人，他從竹籃裏拿出一些果品，輕輕放在墓前，然後焚香，對準墓碑叩首，拜了三拜。

「在下黃道周謝禮！」黃道周連忙前去還禮。

看此人眼生，素不相識，又見他如此多禮，心中納悶。忽然想起，老友陳繼儒曾在信中提及此人，個高瘦黑，一定是他，便問道：「閣下莫非是江陰徐霞客兄？」

徐霞客望著思慕已久的黃石齋，眼圈有些溼潤，他雙手抱拳：「正是在下，石齋兄，久仰了！弘祖特來拜訪。」

望著眼前風塵僕僕的徐霞客，黃道周非常感激。一布衣，一朝廷高官、儒學大師，兩個風馬牛不相及的人，卻從此結成了死生不易、肝膽相照的朋友。

徐霞客與黃道周原先並不認識。黃道周也不知世間有徐霞客此人。但黃道周的大名，徐霞客從師友那裏時有耳聞。最初，知其為儒學大師，學貫古今。一次，徐霞客在好友陳繼儒處，見到黃道周一幅行草墨跡，通篇氣勢渾厚，瑰麗奇崛，不拘成法，徐霞客非常讚賞。

徐霞客四十三歲那年，由於思慕黃道周心切，便打算赴閩遠遊，然後專程拜訪黃道周。

就這樣，徐霞客從家鄉出發，千里迢迢來到福建漳州。荒野的北山墓園邊上，徐霞客與黃道周一見如故。

「霞客兄，你從哪兒過來的？」黃道周問。

「石齋兄，我在陳繼儒處，看到您的墨寶，又聽說您回鄉為父守孝，我這才從江陰專程趕來。不然，您一直在朝廷為官，我一介布衣，連見您的資格都沒有。」徐霞客說。

「從江陰專程趕來，路途遙遠，辛苦你了，霞客兄。我這墓地草廬，除了兩個家僕在此打理日常雜務，平常倒也少有人來，頗為清靜。霞客兄若不嫌棄，可與我住在一起，我們促膝長談。」黃道周為徐霞客的這份遠道而來的情誼所感動，同時，他也對這個遠離仕途、探求山水的奇人十分感興趣。

「如此甚好。」徐霞客見黃道周如此熱情，心裏更加高興。

「霞客兄遠道而來，是我的貴客，本應喝個痛快。奈何守孝在身，萬望見諒。」黃道周抱歉地說。

「無妨，我們隨意。」

「不過，霞客兄來得巧。前面那片菜畦，掛滿了茄子，必得一嘗。」

兩人敞開心扉，推心置腹，相談甚歡。

黃道周說：「走，我們去菜園看看，順便摘些茄子。」

荒野之中，黃道周與徐霞客來到一片菜畦。

「讀書疲乏之際，我就來這裏，或除草，或澆水，或鬆土。幾個月下來，也有了如許規模。」黃道周說。

徐霞客滿目所見，碧綠的菜園子生機勃勃。滿圃的茄子纍纍地掛著，紫紅如玉，讓人愛不釋手。

徐霞客與黃道周，兩人相見恨晚，常常秉燭夜談，通宵達旦。

徐霞客在黃道周的北山草廬度過了十多天時光。

臨別之際，黃道周拿出一封信，交給徐霞客。他說：「如果前往廣東考察，可去羅浮山，我有個同榜進士，叫鄭鄤，他是常州人，你們是老鄉。鄭鄤得罪了閹黨，為躲避迫害，遁跡山水，進入羅浮山中，你可去看一下我的這位朋友。」並抱歉地對徐霞客說：「因為守孝，有筆墨之戒，所以就不能寫詩給你了。但下次有機會，我一定會送你一首長詩，以紀念我們這次難忘的相見。」

二人站在江邊，互道珍重，依依不捨。

徐霞客出閩南，過潮州，去了羅浮山，見到了那位常州老鄉，並轉達了黃道周的問候。從此，黃道周、鄭鄤、徐霞客三人，成了摯友，心中時常牽掛著彼此。

兩年後，崇禎三年（一六三〇年）二月，黃道周守孝期滿，準備進京復官。黃道周從漳州動身，經過幾日航行，至常州橫林，棄舟上岸，登門拜訪已從羅浮山歸來的好友鄭鄤。

鄭鄤與黃道周是同科進士，也是志趣相投的好友。初次來常州，黃道周先在郡城（今常州市武進區）會見了鄭鄤，然後跟隨鄭鄤乘舟至東郊橫林，拜見了鄭鄤雙親。

黃道周與鄭鄤說起徐霞客，兩人盛讚徐霞客孤身探險的膽魄。鄭鄤說：「這裏去江陰不遠，是否把徐霞客邀來一敘？」

黃道周說：「這一次時間緊迫，怕來不及，馬上就要出發了。」

鄭鄤一家，送別黃道周離開橫林。

也許，真正的朋友之間，冥冥中會有心靈感應。黃道周前腳剛揚帆遠去，徐霞客後腳就到了橫林，他來看望鄭鄤。

鄭鄤告訴徐霞客，黃道周剛離開不久，正在途中。

徐霞客一聽，沒想到日夜思念的好友，與自己擦肩而過，急得火燒眉毛，立即找來一艘小船，去追趕黃道周。

每追上一條船，徐霞客都會遙遙呼喊：「石齋兄，你等等我！」徐霞客不停地命船家加快速度。古老的運河上，一遍又一遍迴盪著徐霞客的呼喚：

石齋兄，你等等我！石齋兄，你等等我！……

運河上，一些船家紛紛探出頭來，看著急切呼喚的那個人，只見他立在船頭，不停地呼喚著，漸漸，聲音有些沙啞，有些顫抖，有些變形，有些無助。

船家對徐霞客說：「徐相公，前面已經快到丹陽了，他們的船比我們的快，可能追不上。」

徐霞客不說一句話，他不放棄，明知道可能真的追趕不及，但他仍用那沙啞的嗓子，無望地呼喚著。

實際上，黃道周所乘是一艘大船，速度相對慢一些。他正在船上讀書，忽然聽船家說：「老爺，後面有個小船，好像在喊您的名字。」

黃道周一聽，急忙丟下書本，迅速來到艙外，向後遙望，仔細看時，不由大喜過望，原來是徐霞客。黃道周立即命船家停止前進，等後面的小舟停靠。他張開雙臂，拚命地揮舞著：「霞客兄，我在這裏！我在這裏！」

徐霞客感覺無望之際，忽見黃道周站在船尾，揮舞著雙臂，熱淚一下子湧出來：「石齋兄！」

分別兩年之後，兩位摯友再次重逢，喜悅之情溢於言表。兩人在船上，沽酒對飲，互敘家常。

兩年前，黃道周承諾為徐霞客寫一首長詩，今日相逢，黃道周詩興正濃，乘著酒興，創作長詩一首——〈贈霞客〉。詩畢，又題跋，大意說：「徐霞客乘小船，追我至丹陽。感念昔日不遠萬里到漳浦北山訪我，當時我許諾給他寫一首長詩，今摯友丹陽相見，理當踐諾。酒酣耳熱，不覺成篇。」

崇禎五年（一六三二年）正月，黃道周因言獲罪，被削籍為民，於二月回鄉，南歸途中，訪徐霞客於江陰。他倆自春至秋，放浪山水。

崇禎十一年（一六三八年），黃道周被誣陷入獄，遭酷刑，受毒打。此時徐霞客剛結束西南征程，回到江陰故里，雙足已廢，無法行走。他從朋友處得知黃道周的不幸，立即叫兒子徐屺帶上衣物等前往京都慰問。

黃道周在獄中，由於雙手遭到酷刑，幾乎不能動彈。但他強忍劇痛，給徐霞客寫了封回信。

幾天後，徐霞客讀到兒子帶回的〈獄中答霞客書〉。好友處境艱難，可自己卻束手無策，不由仰天長歎。他說：「黃道周書畫，為館閣第一，文章為國朝第一，人品為海宇第一，其學問直接周孔，為古今第一。如此曠世之才，到哪裏找得到呢？」

徐霞客去世（崇禎十四年，一六四一年）一年後，黃道周昭雪出獄，被謫南歸。他寫信給徐屺，信中說：「我平生結交頗多，但死生不易，割肝相示者，獨有您的父親徐霞客。」

開始萬里征程

一六二九到一六三三年間（崇禎二年～六年），徐霞客曾兩次北上，遊京師、山西，兩次南下，遊福建、廣東，再遊浙東，上天台登雁蕩山，幾乎踏遍東部山水。同時，徐霞客也一直在構想他「萬里遐征」的宏大計畫，等待時機成熟，準備沿著西南方向，進行一次萬里遠征。

徐霞客的這個願望，在年輕時就已經產生。他遍覽方志，發現書中內容，對於西南邊遠地區的山川地理記載，十分稀少；所有志書，無一例外，都說那裏是蠻荒之地。可真實情況如何，不得而知。那裏的河流、山川，定然迥異中原。於是他萌生了有朝一日，實地探索一番，作一次西南之行的打算。

如今，雙親早已不在。長子徐屺、次子徐峴都已長大，並成家立業。徐霞客感到，自己年過半百，已到知天命之年，老病將至，西南之遊，不能再拖延。這才打點行裝，準備進行萬里遠征。

徐霞客在眾多家僕中，選中了常跟隨在自己身邊的顧行和王二，作為隨行的僕人與挑夫。顧行老實本份，吃苦耐勞，比較可靠。王二專職做挑夫，在一幫家僕當中，也算機靈聰明。

還有一人隨行，即靜聞和尚，他是江陰迎福寺禪師，是徐霞客好友、迎福寺住持蓮舟的弟子。靜聞佛心虔誠，禪誦二十年，刺血書寫了一部《法華經》。他的心願，是將血經供奉於雲南佛教聖地雞足山。

徐霞客準備了食物、衣服、用品、銀兩、紙墨文具等，甚至還帶了不少酒。共裝了四個箱子，由顧行與王二肩挑而行。

崇禎九年（一六三六年）九月十九日，徐霞客乘醉放舟，行色豪壯。

徐霞客告別家人、朋友，一行四人，從江陰出發，開始了一生中最後一次、也是最壯烈的一次萬里征途。

此次西南之行，不知何年何月才能回來，也不知前途有多艱險，一開始，徐霞客並沒有直接向西，而是向東，繞道到達佘山。這樣行走的主要目的，一是與沿途陳含暉、陳繼儒等摯友告別，二是請他們給西南諸友寫介紹信，希望屆時給予幫助。

其時，陳繼儒隱居佘山。見徐霞客來到，十分高興，引入園林中，飲至深夜。並且給雲南雞足山的兩位僧人寫信，請他們接待徐霞客。

與陳繼儒告別之後，徐霞客的西行之旅，這才算正式開始。

十月初，徐霞客從杭州出發，本想考察浙西山區的淳安等縣，沒想到的是，一路跟隨的家僕王二不見了。這時，離開江陰才半月之久。

十月初五那天早上，雞鳴時分，徐霞客吩咐王二做早飯。叫了數聲，也無應答。

「王二哪去了？」徐霞客感到奇怪，把顧行叫醒。

顧行揉著惺忪的睡眼，連忙起來找王二。靜聞聽說王二不見了，也起來幫忙找。

「老爺，您別找了。王二跑了。」顧行看到徐霞客很著急的樣子，只得說實話。

「什麼時候的事？」徐霞客追問。

「其實他早就想跑了。每天挑那麼重的擔子，他吃不消，好幾次他都說不想幹。」顧行說。

「王二跑了，你也想跑嗎？如果要跑，你得提前跟我說一聲，我給你路費。」徐霞客對顧行說。

「老爺，您打死我，我也不會跑。您走到哪，我跟到哪。」顧行著急地說。

王二的逃跑，打亂了徐霞客的行程。他下個目的地是淳安，原計畫是走八十里陸路，現在無人挑擔，只得改走水道。

崇禎九年（一六三六年）十二月初一日上午，徐霞客一行三人，從吉水（今屬江西吉安）縣城西門，乘船往西南，溯贛江而行，後停泊在一個叫梅林渡的地方（今江西吉安市青原區井岡山大橋下游兩公里處）。由於下起零星小雨，徐霞客一行就住在梅林渡口的船上。

初二日黎明，徐霞客所乘船隻剛掛帆出發，突然，有隻順水小船呼嘯而來。一夥強人攔住徐霞客的大船，非常粗暴地掀開船篷，態度蠻橫，強行索要船隻。

船夫不從。那夥人便痛打船夫，且把船夫捆綁起來。船夫嚇得驚恐萬狀。強盜們說，要解送官府的銀兩，需要徵借民間大船。

這夥無賴之徒，個個勢如狼虎，他們叱吒船夫，詐騙船隻。此時，大船上共有乘客、船夫三十多人，但面對強人，個個束手無策。

徐霞客看不下去了，說道：「你們既然是官府徵集，總得出示官府的令牌吧？」

強人聞言大怒，將徐霞客的幾箱行李，搬至他們的小船中，然後搶奪徐霞客租用的這艘大船。

徐霞客立即命顧行、靜聞一起前去小船，要奪回行李。

這夥人把他們攔住，強行打開行李箱，翻來翻去，都是些鋪蓋、衣物、書籍、法器之類的東西，不見貴重的金銀物品，強人更是惱怒，問徐霞客是什麼人，從何而來。

徐霞客見那夥人如此猖狂，據理呵斥：「我等為守法良民，你們為何如此不講道理，無故搶奪，強行索船？即便真的要解送官銀，也沒有中途上船的道理。這裏離吉安府很近，何不一同前往府城，由官府出示徵借令，再將大船給你們。」

那夥人聽後，咆哮不已，大喊：「快閃開！你不下船，連你一起帶走。」

徐霞客站在大船上，心想行李都搬到小船上了，我要這船有何用？趁船靠岸之機，徐霞客突然縱身一躍，一個「旱地拔蔥」，從船上騰空跳到岸上，對靜聞、顧行說：「你們看好行李，我去找官府的人。」

徐霞客上岸之後，立即飛奔。很快，找到當地一個姓王的人，他是梅林村的保長。

王保長很負責任，聞說水上有盜，當即召集村民，沿岸呼喊追船。群眾聲勢浩大，每人手裏都拿了扁擔、梢棍等。徐霞客也拿了根木棍，跟在人群後面。

王保長一邊沿著河岸追趕，一邊高呼捉拿強賊，聲音傳出數里。

由於王保長帶領的村民人多勢眾，搶奪大船的強人害怕了，他們見勢不妙，急忙棄船上岸，落荒而逃。

徐霞客租的大船和幾箱行李都安然完好。他向王保長和村民表示感謝，便又掛帆啟程，向白鷺洲方向行進。

此時，贛江的水面上浮起一層白霧。

經過此事，靜聞倒顯得平靜，任何一個地方，他都可以打坐念佛。

「老爺，這才走了幾天，就遇到這些強人，後面路程更長，還會遇到什麼呢？」顧行有些發抖。

「不管前面遇到什麼困難，都無法阻擋我們。」徐霞客看了看灰濛濛的天空，堅定地說。

偏向雲嶁行

崇禎十年（一六三七年）正月十一日，這一天正好立春。徐霞客、靜聞、顧行一行，來到了茶陵（今屬湖南）縣的笏子樹下碼頭。當晚，旅店老闆與徐霞客聊天，談到此處有一名山，叫雲嶁山，山上有寶剎名雲嶁寺，高大宏偉，氣象超凡。原來香火甚旺，只是多年前，有老虎抓走一個和尚，從此，豺虎晝遊，山田盡蕪，無人敢貿然進山。

徐霞客聽聞此言，決定不畏艱險，去尋找雲嶁寺，一睹風采。

徐霞客對靜聞說：「雲嶁山上有大蟲出沒。為保險起見，我們分成水、陸兩路。你帶上我們所有行李，走水路，從笏子樹下上船，順流直至衡州（今湖南衡陽）城。我們約定，本月十七日那天，在衡州城草橋塔下碰頭，不見不散。顧僕帶上水和乾糧，輕裝簡從，隨我走陸路。我們計畫探訪茶陵、攸縣諸山後，立即去衡州與你會合。」

靜聞應諾。早飯畢，帶著所有行李箱上船，離開碼頭，順流而下，往衡州去了。

徐霞客帶著顧行，也準備去往雲嶁山。

這時，昨夜住店的譚老闆，拄著枴杖走過來，攔住去路。他滿臉悲傷，哀求道：「徐先生，您再考慮一下，是否有上山的必要，你們好好的兩個人，上山也沒啥要緊的事，萬一發生不測，後悔都來不及，豈非不值？」

徐露客笑道：「店家，謝謝您的美意。人各有志，我喜歡山水，置萬里道途於度外，置七尺形骸於死外，做個山鬼遊魂，也算死得其所。」

譚老闆覺得不可思議，再次打量徐霞客，知此男子非同一般，遂不再相勸。隨即返回店裏，取來一把鐵叉和一個布袋，對徐霞客說：「此去雲嶁山，凶險未知，這把鐵叉權作防身之用。另外，這布袋裏有些烙餅，山裏無有人家，你們也好臨時充飢。」徐霞客深深道謝。

譚老闆對這位遠道而來，且「明知山有虎，偏向嶁山行」的世間奇人，從心底裏生出無限敬意。他反覆叮囑徐霞客路上要小心，並簡單畫了一張通往雲嶁寺的線路圖。

告別譚老闆後，徐霞客帶著顧行，帶著烙餅與鐵叉出發了。

啟程不久，天空忽然霏霏雨下。徐霞客想，早上還以為是晴天，現在卻轉陰雨，莫非是上蒼在向我暗示什麼？

主僕二人渡過一條溪流到南岸，順流往西行，越過山崗，來到一個小村。徐霞客見有農夫憩息於樹下，遂上前詢問去往雲嶁山的道路。

徐霞客抱拳作揖，問道：「老丈，我們遠道而來，請問寶村大名？」

農夫見來人相貌不俗，忙起身還禮：「小村名高隴。客官將往何處？」

徐霞客回答：「聽說茶陵有雲嶁山，正欲前往，不想在此迷路，還請老丈指點方向。」

老農一聽「雲嶁山」三字，瞬間臉色大變。

他沉思片刻，說：「那山中大蟲出沒，村人避之不及，你何故冒死前往？莫非，客官也想去探尋雲嶁寶藏？」

徐霞客一時沒聽明白，細問之下才知，那雲嶁山除了大蟲，還有個寶藏的故事。想當初，孤舟大師前來開山造寺，帶來一盒金子。建雲嶁寺就地取材，所費銀子有限。不久前，有兩個尋寶者擅自入山，但至今未歸。

徐霞客說：「我們不去尋寶，只想去山上看看雲嶁寺故址，別無他想。」

農夫聽了連連搖頭，完全不相信。不去尋寶，跑很遠的路就是為看個山野荒寺，這人不是發癲嗎。老農不再說話，也不打招呼，扛著鐵鍬轉身離去。

徐霞客在後面聽到農夫嘴裏哼的一聲。顯然，農夫認為遇到不誠實的人，不願再搭理。

徐霞客心想，老丈您真的冤枉我了。沒辦法，他只得再次打開譚老闆畫的線路圖，細究半天，那圖簡直像鬼畫符，不看也罷。可山道彎曲，前路茫茫，何去何從？這時，隨行的顧行彷彿有了主意，他說：「老爺，我有個辦法，很管用。」

徐霞客看見很少說話的顧行有了主意，頗為意外：「你且說說。」

顧行說：「老爺，我們離開笏子樹下並不遙遠，若返回去，還可以坐船，趕上靜聞，然後一起到達衡州。」

徐霞客說：「我以為是什麼好辦法，原來是個餿主意。照你這麼說，我快馬加鞭，不出半月便可走完全程，豈不更好。還要你跟在後面做甚。」顧行自知沒趣，不再說話。

徐霞客立在樹下，不辨方向。他覺得還得等個人，問清線路就會少走冤枉路。不大一會兒，村頭又走來一個長者，徐霞客再次施禮，向長者說明來意。

長者上下打量徐霞客，見其風塵僕僕，頓生敬意。長者指著前方說：「此地名高隴村，從此渡溪流到北面，越山岡兩座，約五里路，到達盤龍庵。從盤龍庵，分岔一大一小兩條山道，大道直通茶陵城；小道順溪流向南去，為小江口，這是通往雲嶁山的路。」

徐霞客一聽，路徑十分清晰。對長者萬分感謝。

長者又說：「雲嶁山在茶陵東面五十里地，那兒有條溪叫沙江。只是山嶺深幽，峰巒峻峭，是個老虎窩，只你們兩個如何去得？實在要去，也得結伴五六人，多則十餘人，方可進雲嶁山。」

徐霞客發現，現在只要向人打聽去雲嶁山的路，都會無一例外地提出告誡：莫入！

莫入！

當地人對雲嶁山的恐懼，更加引起徐霞客的濃厚興趣。

雲嶁山真的那麼恐怖嗎？

有了長者指引，徐霞客一路向前，很快就找到了已經破落的盤龍庵。果然，盤龍庵前岔出大小兩條山道，大道通茶陵城，小道去雲嶁山。

雨勢漸大。徐霞客與顧行在盤龍庵躲雨。他很清楚，如果沿著大路，可以很快到達茶陵。而行走山道，則意味著一路危機四伏，性命堪憂。

就在這時，有個年輕人拿著雨傘，似乎要沿著大道前往茶陵。徐霞客一看是當地人，不肯放過問路的機會：「這位相公，請教去雲嶁山，是走旁邊的這條小道嗎？」

年輕人很吃驚地看著徐霞客，說道：「正是。若走此道，如果沒幾個人結伴而行，那是萬萬不能進去的。我以前入山數次，也是結夥出入。先生既然想入山，我願意當您的嚮導。這樣吧，先請您和我一起回家，我再找幾個人，一起上路。」

徐霞客大喜，簡直遇見活菩薩，連連道謝。

徐霞客隨著嚮導入村，到他家中。然後嚮導又外出，找到三個年輕人，每人手裏都拿著刀棍、火把，準備冒雨入山。

雨漸漸密集。嚮導說，不能再等了，否則天黑之前，趕不回來，我們立即出發。

徐霞客與嚮導一共六人，手持火把進入雲嶁山中。走了一個多時辰，有條小溪從西南的峽谷中穿流而出，石崖層層橫貫，對峙如門。嚮導說：「這裏就是虎穴，上山燒炭、打柴的村民都不敢進去。」

徐霞客好奇，想看看老虎窩。嚮導讓大家屏息噤聲，帶著徐霞客悄悄靠近。只見一些亂石堆，未見老虎出沒。嚮導不敢久留，讓大家輕聲，躡手躡腳繞道而行。

雨愈下愈猛，山間溪流愈發激湧。走過一段山道，忽見一塊平整的谷地。嚮導說，這裏叫和尚園，原是雲嶁寺和尚的一塊田地。孤舟大師圓寂之後，即埋於此，原有小塔，後因無人料理，遂坍塌。徐霞客請嚮導帶他去看廢塔舊址，嚮導就領著徐霞客在和尚園裏尋找。田園荒蕪，最後終於找到，地上只一堆碎磚塊而已。嚮導說：「我們快走吧，此地不宜久留。」

徐霞客問：「雲嶁寺還有多遠？」

嚮導說：「不到兩里地，前面就是。」

從那片平坦的谷地行走，又翻過一座小山，順著一條曲折的山溪前行，走了一里路，嚮導說，雲嶁寺到了。

徐霞客看到，此地空無一人，山谷幽深，佛宇空寂。佛殿之上如來的金身，因久無香火祭供而透出冰冷的寒光。廚房的灶台裏早已火滅煙空。徐霞客徘徊良久，想到名揚四方的雲嶁寺如此頹敗，嗟歎不已。

忽然間，一道閃電劃過，巨雷呼嘯而至，整個山谷為之震動。寺外的雨下得更大了。嚮導不安地看了看寺外，忽然說：「不好！山裏起了濃霧。」

徐霞客大驚，出寺門一看，果然，一陣濃霧翻捲而來，直撲雲嶁寺。

嚮導對徐霞客說：「山下有條小道，你們跟著我，快跑！」

徐霞客一行六人，懷著無比的恐懼，連滾帶爬奔下山坡。徐霞客回首，那霧愈升愈高，把雲嶁寺團團圍住。更可怕的是，遠處的山谷裏，傳來一聲長嘯。

對於這段恐怖經歷，徐霞客在日記中這樣寫道：「我們狼狽逃竄，走出溪口，嚮導忽然看到水上有條船，連忙招呼船家等一等、等一等。就這樣，我們終於搭上船，離開了恐怖的雲嶁寺。小木船順流飛槳，速度極快。我的衣服鞋子全溼透了，冰冷的水汽像針一樣刺痛我的肌膚。我想上岸把衣服烤乾，船家說不行，這裏很危險。只顧著逃離，就連兩岸聳立的群山，我也無暇探究了。」

後來，到了一個小碼頭，嚮導和三位夥伴下船，徐霞客拿出一點銀子，想聊表謝意。嚮導謝絕了，他說：「我等村野之人，山有野果，水有魚，餓不死的。而你們，路途遙遠，也不知何時才是盡頭，你自己留著，路上慢慢用吧。後會有期。」

四人轉身返回。徐霞客還站在水邊，目送他們遠去。

徐霞客回到船上，繼續航程。從下午上船，大約行船四十里地，天就黑了。船夫又在夜色中，繼續航行三十里地，終於看到了茶陵城的燈火。

顧行心有餘悸，對徐霞客說：「老爺，今天嚇死我了。如果我們走大路，早就到茶陵城了，哪裏到這深更半夜的。可您偏走小路。」

徐霞客說：「跟我這麼久，你又不是不知道，有小路，我絕不會走大路，上山之後，盡量不走回頭路。」

當夜，徐霞客主僕二人，借宿在城外的東江口，結束了進入湖南第一天驚心動魄、無可名狀的旅程。

徐霞客未曾料到，這一切，僅僅是開始。

冰雪雲陽山

徐霞客到達茶陵城之後，一直想尋找茶陵名勝紫雲山和雲陽山。茶陵的天氣，一會兒雨，一會兒雲，變幻莫定。徐霞客帶著顧行，先在風雨之中，遊了城南的靈巖八景，山中遇六空和尚，當夜就借宿他的寺廟中。

次日，徐霞客登雲陽山紫雲峰，晚上宿在赤松壇。

雲陽山東北端的高峰名紫雲山。這裏丘壑起伏，重巒疊嶂。寺廟、道觀很多。在紫雲山腰的觀音庵，老和尚松巖向徐霞客介紹了上雲陽山的三條路：

一條是北道，從洣水邊的洪山廟登山，可達極頂；一條是東道，從赤松壇登山。還有一條谷道，即在兩條登峰主道之間，從觀音庵側面的小路，橫穿一里，可達青蓮庵。這樣可不必下紫雲山。

徐霞客捨棄了大道，而選擇了「谷道」。他在濃霧和冰堆中，越過兩道尖刀似的山樑，意外看見了絕美的冰雪風光：「峰脊冰塊滿枝，寒氣所結，大者如拳，小者如蛋，依枝而成，遇風而墜，俱堆積滿地。」

面對滿地堆積如山的冰珠，徐霞客悄悄拿了一塊在手上，晶瑩透亮。他把冰珠一扔，地上的冰珠四處散開，像無數玻璃球在滾動。這裏雖是雲陽山脈的第二高峰，可眼前璀璨的冰雪風光，卻是從未見過的奇景。

正月十四日。徐霞客看看天氣，但見山頂濃霧瀰漫，零星小雨也沒有停息的意思，就不再有登雲陽山頂的念頭，只想繞出雲陽山北麓。

行走數里，遇洪山廟，風雨交加。徐霞客主僕二人便停留廟中，買些柴禾，燒火烤衣服。大雨未歇，一整天都在下，徐霞客也是一整天圍著火盆烤火。

廟裏的和尚告訴徐霞客，後面有條山路，沿著它往南，可以登到雲陽山最高頂。

當時廟下面有條江，江邊停著幾隻船。船夫屢屢招呼徐霞客，說明天可搭船，回茶陵城裏過元宵節。徐霞客心裏只有雲陽山，寧可蜷縮在冰冷的洪山廟，也不願回城。

第二天是元宵節。船家一而再再而三，強烈要求徐霞客登舟返城，並說城裏的綵燈甚美。

徐霞客看了看天氣，決定不放棄雲陽山。在溫暖熱鬧的元宵節與冰天雪地的山峰之間，徐霞客毫不猶豫，選擇了登頂雲陽山。

按照洪山廟和尚的指引，他們從廟後上山。翻過一山又一山，山嶺之上，葉片似的冰塊紛亂雜沓，讓人眼花繚亂。忽然，顧行說：「老爺，我往南望見山峰頂上有一座石橋，飛架在兩端。」

徐霞客聽聞有這等奇觀，急忙眺望。尋找許久，亦未能望見。心想，肯定是冰雪刺眼，產生幻覺。但徐霞客意外發現，往東南方向，橫連著一個高頂，那應是登雲陽山頂的路。於是往東南越過山脊，仰頭直往上爬，又走一里，再越過一山脊，山嶺上冰雪層層堆積，身體就像在玉樹叢林中穿行。又走一里，接連翻過兩座山峰，才登到最高頂。

徐霞客登山，除非特殊情況，回程時，絕不走原路。這是一個優秀探險家的經驗之談。好不容易出門一趟，原路返回，寡淡，令人掃興。而另闢蹊徑，常常會有意想不到的奇觀和發現。

上山時走的是南麓，徐霞客決定，從西麓下山。可西山坡人跡罕至，沒有山道。主僕二人在茅草叢中行走，那些冰凍的茅草打在人臉上，又冷又疼。四面而望，茅草蒺藜，被冰凌黏結著，人行其中，已經到了上不能舉手、下無從投足的地步。

這一段路程，當地根本沒人走過。徐霞客帶著顧行，像猴子一樣，或吊在樹上，或懸空在崖石上，向前縱躍。

更糟糕的是，徐霞客透過霧障，看到草叢間有幾堆亂石，他想起在雲嶁山看見的虎穴，就是這個樣子。徐霞客的心一下子提到嗓子眼兒，他頭皮發麻，嚇出一身冷汗：「顧行，快走，這裏是虎窩！」

雲陽山上有虎嗎？虎很多。徐霞客看到的那幾堆石窩，是虎窩嗎？確鑿無疑。只是老虎不在家。否則，老虎早就將主僕二人飽餐一頓了。

徐霞客拉著顧行連滾帶爬，離開了虎窩。

可兩人滾落到什麼地方，他們自己也不清楚。總之，他們仍然心有餘悸，提防著老虎隨時出現。

剛才也許太緊張了。徐霞客稍稍穩定情緒，這才發現，處境更加不妙。他和顧行滾下來的地方，是一個陡坡，要想到下面的山谷，卻無路可走。

顧行很害怕，他說：「老爺，我們這下完了，人沒被老虎吃掉，卻在這裏上不上，下不下，叫天不應，叫地不靈，不是被餓死，也會被凍死。」

徐霞客說：「是嗎？你對我就那麼沒信心？」

「老爺，離開這個鬼地方，除非您會飛。」

「除了飛呢，就沒其他辦法嗎？」

顧行想了半天，說：「實在想不出有什麼辦法。」

徐霞客說：「滾！」

顧行：「老爺，我死心塌地跟著您，照顧您，現在讓我滾，我也沒地方滾啊！」

徐霞客說：「你不滾，那我滾。你看著我，記住，頭巾裹臉，雙手抱住頭。」

徐霞客沒有任何猶豫，筆直躺下，向山坡下面滾去。

顧行這才明白，這回，該他滾了。

主僕二人於是就這樣滾落山谷。

徐霞客說：「三國時，曹魏征西將軍鄧艾成功偷渡陰平，其中就用了這一招。可是，鄧艾他們身上還有羊皮什麼的包裹著，做一層保護，可我們什麼保護都沒有。顧行，你身上沒事吧，哪兒疼嗎？」

顧行說：「老爺，我現在渾身哪兒都疼。」

徐霞客和顧行二人，臉上被籐條、倒鉤的樹枝、荊棘等劃破了一道道血痕，身上衣衫襤褸。

走在路上，有人向他倆遞食物，無限憐憫地望著這兩個無家可歸的人。

探訪麻葉洞

茶陵雲陽山有許多奇怪的洞穴。這些洞穴，具有南方喀斯特地貌（即岩溶地貌）的典型特徵，即洞穴多，地下河發達，有深不可測的豎井等。

徐霞客在雲陽山期間，聽說有兩個奇洞，一個叫秦人洞，一個叫麻葉洞，在當地非常有名。洞裏究竟有些什麼？徐霞客決定入洞探險，尋找當地百姓所說的「精怪」。

徐霞客進入秦人洞，裏面只有中洞和下洞，景致一般。卻沒見到上洞。當地村民告訴他，上洞，就是上清潭，洞口很窄，泉水從洞內流出，人很難進去。徐霞客問為什麼。村民回答：「上清潭與麻葉洞，都是精怪潛伏的地方，不只是難以進去，最主要的是，自古以來，誰也不敢進去。」

徐霞客聽了這話，立即興奮起來。心想，既然沒人進去，那我倒要一試，到這兩個穴洞裏看看，精怪是何模樣。

一聽說有人要探上清潭和麻葉洞，當地村民，沒有一個人肯當嚮導。徐霞客往北走了半里路，遇到個打柴人，他總算願意帶徐霞客去上清潭。那洞就在路下邊，洞門朝東，其洞口，如兩掌相合，成人字形狀。

徐霞客準備泅水入洞。可嚮導只肯提供火把，堅決不肯當前導。徐霞客沒辦法，只得脫去衣服，一隻手舉著火把，側著身子，像水蛇一樣，匍匐進入洞中。石間的縫隙低矮、狹窄，水已淹沒大半，徐霞客必須身體沒入水中，把火把平伸水面，才能進去。

此時，水面上的空隙，不到五寸。徐霞客若在水中爬進去，口鼻都要碰到水面，而且，即使貼著縫隙，火把仍有一半泡在水中。

當時，顧行正在洞外守著衣服。徐霞客想，我若游水進去，可誰為我遞火把呢？身體可以從水中過，火把卻過不去。先前，在秦人洞，水淹到膝蓋、浸過大腿，都感覺溫暖，而此洞中，水寒冰冷，與外面溪澗中的水沒有差別，裏面應該是深潭。可惜，沒有火把，一切都是空想。還是出洞吧。

徐霞客渾身起了雞皮疙瘩。出洞後，立即披上衣服，在洞口燒火烘烤。過了好久，身上才有了點暖意。他想，上清潭有水進不去，很遺憾，但是麻葉洞呢，也像上清潭那樣嗎？

有人膽敢探訪麻葉洞的信息，很快傳遍了麻葉灣村的各個角落。全村男女老少傾巢出動，前來看熱鬧。

麻葉洞距上清潭三里，洞口朝南，僅如斗大，往下看，漆黑一片。

徐霞客在村中，找了很多村民。但當地人也只答應提供火把，無人敢當嚮導探洞。他們說：「這洞中有精怪。非有法術者，不能降服。」

徐霞客說：「我出一兩銀子，請哪位村民做嚮導。」

沒人答應。徐霞客說：「我出二兩。」

二兩銀子在當地來說，可謂重金。終於，有個村民站出來說：「那讓我來試試。」

那個村民有點顫抖，哆哆嗦嗦脫去衣服，將要入洞，忽然停住了，問徐霞客：「先生是個讀書人？」

徐霞客覺得奇怪，入洞與讀書人有何關係？就說：「就算是個讀書人吧。」

那個村民剛入洞半身，立即驚駭而出：「我的天，我原以為你是降魔大師，所以才肯跟你進去。你是個百無一用的讀書人，我豈能以身殉葬？」

徐霞客愕然。既然無人當嚮導，還是自己想辦法解決吧。徐霞客把行李寄在村民家，與顧行一起，各持火把進入洞中。

當時，在洞口看熱鬧的村民，有幾十人，打柴的腰插柴刀，種田的肩扛鋤頭，婦女們停止了做飯，織布者停止了機梭。還有放牧的童子，背東西的行人，等等，接踵而至，但沒有一個人願意跟隨徐霞客入洞。

那麼，徐霞客與顧行進入洞中，看到的是什麼？

徐霞客入洞之後，蛇伏以進，背磨腰貼，漸次發現了一個奇異的世界。洞中石幻異形，膚理頓換，亂石轟駕，若樓台層疊；洞頂有個孔洞，光線由隙中下射，若明星鉤月，可望而不可摘。兩壁石質石色，光瑩欲滴，垂柱倒蓮，紋若鏤雕，形欲飛舞；乳石如蓮花下垂，連絡成幃。

徐霞客觀看之後，歎為觀止，他給麻葉洞三個評語：一、「此衖中第一奇也」；二、「恍若脫胎易世」；三、「余所見洞，俱莫能及」。

徐霞客帶了十枝火把，已快用盡，不得不立即返回洞口。讓他驚訝的是，洞外看熱鬧的人，又增加了幾十個。他們見徐霞客安然出洞，個個稱奇。徐霞客告訴他們，洞裏很美，沒有什麼精怪。

村民說：「先生真是高人！一定是個大法師！我們在洞口守候了很久，以為你們已落入精怪之口，想進去看，又不敢。現在你們安然無恙，真是神靈保佑。」

徐霞客向麻葉洞村的村民們道謝，取了行李，繼續趕路。當時太陽已落山。今日收穫不錯，肚中正飢，便於集市中弄了些酒，投宿在黃石鋪。

這天晚上，碧空如洗，月白霜寒。徐霞客走得太累，倒下就睡著了。

湘江遇劫

崇禎十年（一六三七年）二月，徐霞客和顧行到達衡州，與在此等候的靜聞和尚會合。十一日，三人搭了一條客船，離開衡州，沿湘江放舟南行。他們準備翻越南嶺，進入廣西。

滴滴答答下了一夜的雨，終於在天明時候漸漸停歇。徐霞客走出封閉渾濁的艙室，站立船首，清新的山野氣息撲面而來。春寒料峭的時節，湘江溫暖而溼潤，徐霞客整個身心為之一爽，他縱目四顧，雖然天色是灰濛濛的，但船已揚帆一路南下，愈往前行，愈像是在駛向春天。誰說前面不是一個陽光燦爛的日子在等著他呢？

江流無聲，四野寂靜。憑藉多年的野外考察經驗，徐霞客忽然感覺到某種不安，因為周圍安靜得有些可怕。

整個白天，未見任何異常。因船隻溯湘江而行，行速遲緩，徐霞客覺得這樣也不錯，可以慢慢欣賞兩岸景致。離開衡州後，舟行二十五里，到達鉤欄灘。這裏位於衡州府城南，俗稱湘江第一灘。湘江北去，至鉤欄灘江流變深，水面變窄，水勢看起來十分平緩，水下卻暗流洶湧。

船折往西行，到了一個古渡口，船家謂之東陽渡。北岸有幾根煙囪，青煙裊裊。船家介紹，這是琉璃廠，專為桂王府燒造各種器皿。

愈往前行，船速愈慢。拐了幾個彎之後，又繼續南行。

此時已是午後，天色居然漸漸明朗起來，太陽在雲層裏忽明忽暗，搖擺不定。最後，遮遮掩掩地總算鑽出雲層。和上午霧濛濛的天氣相比，可謂風和日麗。

旅途漫漫，船上寂寞。同船的幾個旅客聚在船首，一邊觀賞湘江，一邊聊天，談著各種江湖異聞。

這是一條客船，乘客有這麼幾組人：

第一組：主人徐霞客，同行者靜聞和尚，挑擔的僕人顧行。

第二組：主人艾行可和他的隨僕。艾行可，在衡州桂王府當差，負責王府祭祀等司儀工作，算是這條船上最有身份的人了，言語之間，表現出對其他乘客的不屑一顧。同樣，他對布衣徐霞客，也是愛理不理，儘管徐霞客滿懷謙卑，向他打聽一些事略見聞。

第三組，石瑤庭和他的隨僕。石瑤庭與徐霞客算是老鄉，祖籍蘇州，現為衡州人，移居此地已經到了第三代人。

第四組，徽商及隨僕五人。

不知不覺中，新塘碼頭已經到了。船家招呼大家說，我們在此過夜。當時太陽還有餘暉，而那地方只有兩隻裝載穀子的船，於是靠攏上去，停泊在一起。不久，又有五六條船也跟著在那裏停泊下來。

碼頭很荒涼，附近沒有村落。本來，由於總是下雨，好久沒有見到月亮了，當晚卻雨後月明，徐霞客心情大好，覺得原來楚地有「瀟湘夜雨」一景，沒想到今夕則「湘浦月明」。

忽然，江岸上傳來陣陣啼哭，像幼童，又如婦女，哭了有一更天都不止。在寂靜的夜晚，聽這淒哭之聲，令人毛骨悚然。

可水邊的船上，一片寂然，無人敢問。

徐霞客聽了，卻睡不著。可又有什麼辦法呢？也許，是個騙局。等你憐憫去救她，後面肯定會有人跟隨敲詐。江湖上的仙人跳，不就是這樣嗎？

可是，靜聞和尚滿懷慈悲之心，他不忍聽那淒切之聲。到二更天時，他想上岸小解。靜聞對佛家戒律遵守很嚴。他有個怪癖：在舟船之上，吐痰解溲絕對不向水中，一定要等到停泊，上岸去找合適的地方。

靜聞就去詢問那啼哭的人，原是個少年，他說是王宦官的門童，年紀才十二歲，因為王宦官酗酒，常常拿棍子責罰他，因此想逃跑。

靜聞勸他回去，並好言好語相勸。他竟然躺在岸邊不肯動。

靜聞不明白這是怎麼回事。等他回到船上不久，突然聽見一群江盜舉著火把，叫著喊著，從岸上衝下來。一時間，刀光劍影，哭聲一片。江盜開始洗劫客船。

徐霞客沒想到會遇上這等事件，他急忙掀開鋪板，從下面取出匣子，那裏面裝著西南行程的所有銀子。他想轉移到其他地方。

徐霞客想走到船尾，將匣子投入水中。可那些江盜，正揮劍砍著船尾的艙門，不能過去。

徐霞客擔心旅費落到盜匪手裏，於是用力掀起船篷，不管三七二十一，將裝銀的匣子投到江中。

靜聞、顧行、艾行可、石瑤庭，以及艾、石的僕人，或光著身子，或裹著被子，都被逼迫驅趕擠到了一起。船頭的江盜從中艙向後，船後的江盜砍開船的後門往前，前後夾擊，刀戟亂刺。

船艙中的旅客個個跪在強盜面前，請求饒命。盜賊毫不理會，用刀照戳不誤。情急之下，大家只得抗爭，一齊使勁掀開船篷，爭先恐後逃入水中。

徐霞客最後跳船，被船上的繩子絆了一跤，頭先觸到江底，耳鼻都灌了水，急忙上浮，好在水不深，只及腰部，就逆流從江中走，一刻不停地走，怕江盜趕上來。遠處，正好有條鄰船開了過來，徐霞客上前求救。

船家見徐霞客渾身打顫，就找了一床被子給他，讓他躺在船中。船逆流而上，行了三四里，停泊在一個叫香爐山的山下。

回首望去，那隻被搶劫的船火光衝天，江盜發出信號，終於離去。

等了好久，曾經停泊在一起的船隻，陸續轉移，停靠在香爐山下。大家凍得受不了，擠在一床被子裏。徐霞客慶幸自己處於刀劍叢中，毫髮無傷，只是不知道靜聞、顧行現在怎麼樣，他們受傷了沒有。如果他們聰明些，一起投入江中，就能免於虎口。至於錢財，畢竟是身外之物，可不去計較。

後來，徐霞客在幾隻船上到處打聽，才找到顧行，他身上中了四刀，渾身是血，呻吟不已。

靜聞和尚不見蹤影，不知死活。快到天亮時，天不作美，霏霏細雨落下。現在衣不蔽體，又身無分文，這可如何是好？

第二天，鄰船上一個姓戴的客人，很同情徐霞客，給了他一些簡單的衣服。可是，天一亮就要開銷啊，這日子該怎麼過呢？在關鍵時刻，戴姓客人能分出衣服給自己蔽體，顯得多麼可貴，怎麼答謝人家呢？

就在徐霞客四顧茫然、無所適從的時候，忽然想起，自己的頭髮裏，還有一枝銀耳挖！

這是一個職業探險家的生存祕技。

原來，徐霞客的頭髮，向來不用打髻，這樣就用不著簪子了。但是，這次遠行，走到蘇州時，忽想起二十年前的一件事。當時從福建返回到錢塘江邊，隨身攜帶的財物已經用完，就從髮髻中摸到一枝銀簪，剪下一半付了飯錢，另一半僱了一乘轎子。

於是，此次旅行換了一個耳挖，一是用來盤束頭髮，二是用以防備不時之需。

徐霞客此次落入江中，幸虧有這耳挖，頭髮得以綰住，沒散開。桂王府的艾行可，因為披著長髮而行，落入水中，可能是長髮被水草或樹根、枯枝纏住，以致無救。一件物品雖然微小，但有時也能保命啊。

為了感謝戴姓客人，徐霞客就把銀耳挖折了一半給他。然後，大家問了姓名，互道珍重，匆匆告別。

徐霞客和顧行，還有其他一同下船的四人，共六人，衣不遮體，蓬頭赤腳，神情怪異，步態狼狽，行走在早晨刺骨的寒風裏。

碎石塊劃破了腳板底，往前不能走，想停下又不能。只得跌跌撞撞，沿著江岸走幾步算幾步。

六個人看到了昨夜被燒燬的船隻，他們都在悽慘的寒風中，顫抖著呼喚失散同伴的名字。徐霞客和顧行高喊著：「靜聞，你在哪裏——」

江風夾著冷雨，打在身上，猶如刀割。淒厲無助的叫喊聲，在冰冷的寒風中，令人發怵。

也許是蒼天有眼。沒多久，靜聞居然聽到徐霞客和顧行的呼喚：「我沒死。我在這兒呢！」

徐霞客心頭的石頭落地了。謝天謝地，你還活著，我們三個都還活著。

徐霞客忙問：「我的書稿呢？」靜聞說：「都在呢。只是錢沒找到。」徐霞客抱著書稿，如同抱著失散的孩子。

靜聞說：「江盜不敢對僧人下手。」所以他獨自守船，搶救被燒的衣物、文件。

徐霞客一行三人，性命是保住了，可行李損失殆盡。徐霞客入水打撈裝銀的匣子，匣子撈上來了，可裏面的錢卻沒了，一些珍貴的書籍和重要的信函也片紙不見。

現在身無分文，繼續西行已無可能，怎麼辦？

徐霞客沒有任何猶豫，對靜聞說：「如果返回，我就會被妻兒所挽留，不可能再有機會萬里之行了。所以，既然已走到這裏，我決定先返回衡州籌集路費，然後南下，進入廣西。」

求證三分石

回到衡州後，徐霞客與靜聞一起，想盡辦法籌集旅資。最後在朋友金祥甫和劉明宇等人的幫助下，總算籌到一些資金，又可以起程了。

靜聞決定留在衡州，繼續化緣。徐霞客和顧行離開衡州，經道州進入寧遠（兩地均屬今湖南），向往九嶷山。

《史記．五帝本紀》記載：舜「南巡狩，崩於蒼梧之野，葬於江南九嶷，是為零陵。」舜是遠古傳說中的部落聯盟的首領，史稱虞舜。他巡行四方，治理民事，挑選賢人，並選拔治水有功的禹為繼承人，傳說他在南方的蒼梧去世，葬於九嶷山。

山上有三塊豎立的巨石，高聳入雲，直插藍天，亦稱舜公石。傳說瀟水源此，一分為三，故又稱三分石。但傳說歸傳說，真實的情況，果真如此嗎？徐霞客想要知道真相，於是決定前往九嶷山，追尋瀟水源頭。

徐霞客打聽去三分石的道路。當地人說：「去此甚遠，都是瑤民居住的地方，須得瑤人為嚮導。然而中途無宿處，須攜帶火把，露天住宿。」

徐霞客用優厚的酬勞，請了一位劉姓村民做嚮導，約好明日若晴朗便去三分石。後因連日風雨，一推再推，直到二十八日才成行。

徐霞客、劉嚮導、顧行共三人，從玉綰巖出發，向東南行。爬到鰲頭山上，嚮導說，應該可以看到三分石了。徐霞客向南眺望，群山之上一片雲霧，什麼也看不到。歇息一陣，雲霧突然散去，隱隱約約能看見三分石的影廓。轉眼之間，又被雲霧掩住。徐霞客心想，這三分石，原來與江山縣（今浙江江山市）的江郎山十分相似，江郎山是浙水之源，三分石是瀟水之源。所不同的是，江郎山高高聳立在半山上，而三分石卻是懸於萬峰絕頂，十分奇異。徐霞客遠望三分石，心情更加迫切，催促嚮導走快些。

徐霞客看到一些枯樹間，長著黃白色的蕈，厚大如盤。真是天降美味，覺得不採摘一些，實屬暴殄天物。他自己摘了不少放入袖中，也讓顧行和劉嚮導一起摘，以備不時之需。

天色漸黑。嚮導說：「這麼晚了，我們還是先找個地方過夜吧。」徐霞客停住腳步，見山間嵐霧愈來愈濃，再向三分石遙望，還是無法看見。徐霞客說：「那我們就找個地方，明晨再說。」

三個人找來找去，終於發現一棵老松，周圍還有一些青竹，大家整理出一塊地方，就在這裏過夜了。

一路翻山越嶺，此時三人肚中正飢。可山高無水，有火也沒辦法煮飯。這裏是無邊的荒野，群山寂靜。黑夜就像個巨大的野獸，把一切吞噬。不知從什麼地方，傳來一兩聲淒厲的怪叫聲。顧行嚇得直發抖：「老爺，有點冷。」

徐霞客讓嚮導去砍大點的松木，先把篝火燃燒起來。

三人圍著篝火。徐霞客讓顧行拿出蕈菌，再加上自己袖中的一些，用竹枝串起，在篝火上烤著吃。一時間，蕈菌的香味，讓三個人忘記了寒冷，也忘記了獨處山野的危險。

徐霞客具有十分豐富的野外生存經驗。比如烤蕈菌，山上各種野菌很多，至少，吃的問題可以隨地解決。還有就是露營。徐霞客行走的路線，基本上都是別人沒有走過的，顧行跟在後面，主要就是背著兩床被子，隨時可以安營紮寨。

在這瀟水之源的寒夜裏，三個人圍著篝火，蕈菌也吃過了，正準備攤開被蓋休息。突然，一種令人恐懼的嘯叫聲，不知從哪裏傳來，令人不安。

顧行嚇得直打哆嗦，他想說什麼，又怕開口。三人誰也沒說話，都盯著篝火，耳朵卻在細聽是什麼聲音。忽然間，一陣旋風呼嘯而來，吼風大作，捲起火星，飛舞空中。

一開始，徐霞客還以為是什麼奇觀。可漸漸發現，有什麼地方不對勁。眼前，那些火焰幽幽飄忽，晃來晃去，游移不定，又突然竄起數丈之高。他無法解釋為什麼會這樣。

三個人眼睜睜地看著那些奇怪的火焰在空中飛來飛去。顧行忽然想到了什麼，尖叫一聲：「鬼火！」整個人都蒙在被子裏。

顧行恐怖的叫聲，令人不寒而顫。不一會兒，陣陣白霧在夜色中悄悄湧來，變幻出種種奇形怪狀。

徐霞客起身觀察，此時天上並非陰暗，因為還能看到繁星閃爍，可又感覺有絲絲細雨在落下。他連忙要顧行拿傘遮住被子。顧行說：「老爺，我怕。」

徐霞客說：「你別怕，去把篝火燒旺點，愈大愈好。沒什麼好怕的。」

徐霞客雖這麼說，對於種種詭異的旋風、飄忽懸空的火光，種種奇異的怪事，也覺得難以理解。

一直到五更天，雨漸漸大些。徐霞客睡意全無。他發現，這世上有許多現象，並不是用奇觀就能解釋的。

天剛透亮，雨就停息了。徐霞客再次遙望，雲霧之中，大家都看到了三分石挺拔的身影。三人差不多就在山腳，於是立即趕路。

走了幾里路才發現，三分石還隔著一座山峰。一路走來，一堆堆的巨石，就像迷魂陣一樣，把嚮導也弄懵了；轉來轉去，剛才還看到的三分石，轉眼間不見了。

徐霞客就問嚮導：「你到底有沒有來過三分石？」

嚮導說：「來過，肯定來過，只是忘記走哪條路了。」

三個人在巨石陣裏走來走去，不知為什麼，怎麼也走不出去。三人面面相覷，不知如何是好。

徐霞客再次遙望三分石，見它時隱時現，捉摸不定。徐霞客若有所思。

根據一路走來所看到的河流走向，徐霞客進行了考察與分析。他認為，所謂三分石，以前記載為：「其下水一出廣東，一出廣西，一下九嶷為瀟水，出湖廣。」到了下面才知道，三分石，實際上是石峰分成三支聳起。「其下水，東北者為瀟源，合北、西諸水，即五澗交會者，出大洋，為瀟水之源。」

他認為，瀟水有兩個源，即南源和北源。

瀟源情況已基本考察清楚，那就不一定要登上三分石。徐霞客向三分石拜了又拜，對嚮導說：「我們回去吧。」

徐霞客探險，從來都是毫無畏懼，勇往直前，絕不後退。現在已經到了三分石下，他決定放棄繼續攀登。三分石是舜塚所在，是舜帝的葬所，又是九嶷山九峰的朝宗之峰，還是悄悄離開，不要驚動了舜帝的安息吧。

暢遊真仙巖

徐霞客一行三人跨過了逶迤的南嶺，由湖南進入廣西。徐霞客因一介布衣身份，和靜聞一起，想盡各種辦法，費盡所有心思，也未能登上桂林靖江王城內的獨秀峰。他悵然若失，在無比的鬱悶中，離開了愛恨交加的桂林，前往柳州。

此時，正是嶺南炎熱的暑天，瘴氣瀰漫，由於水土不適，加上刀傷，靜聞和顧行都病倒了，奄奄垂斃。這下可忙壞了徐霞客，既要照料病人，又要進行考察。他在遊記中寫道：「憂心忡忡，進退未知所適從。」後來，顧行逐漸好轉，可以照顧靜聞了，徐霞客終得抽空，獨自前往周邊縣城。

崇禎十年（一六三七年）六月下旬，徐霞客乘舟溯柳江，來到融縣（今廣西融水苗族自治縣）。一路上，他發現，柳州的山與桂林的山，有些不一樣。桂林都是石山，沒有土山相雜，而這裏卻是石山和土山相間。連綿的土山之間，忽然有石峰數十座，挺立成隊，陡峭聳立，或隱或現，給人以芙蓉出秀水的清麗之感。

在融縣，有個著名的溶洞叫真仙巖，高懸於縣城南面的群嶺之中。洞內結構複雜，有陸洞、水洞之分。陸洞有僧寺居住，還有各種鐘乳奇觀。水洞，俗稱地下河，暗流湧動，幽深難測。

徐霞客已經聽很多當地人推薦此洞，所以一定要來此洞看一下。讓徐霞客自己都沒有預料到的是，他在這座真仙巖裏，住了十三天，也是他三十年旅行生涯中，在一個洞內住得最久的一次。

徐霞客請僧人參慧為嚮導，領他遊陸洞。這裏是典型的岩溶地貌，洞中有各種鐘乳巨石。其中有一處，一巨柱中懸，下環白象青牛。還有著名的石鐘乳老君石像，端坐於靈壽溪邊，高二丈餘，鬚眉皓髮，神態飄逸，栩栩如生。真仙巖因此老君像而得名。

徐霞客舉著火把繼續往前走。突然，他看見一條巨蟒橫臥面前，不見首尾，伏在那裏一動不動。

火光下的巨蟒，全身的鱗片亮晶晶的。徐霞客第一次看見這麼大的巨蟒，心裏有些害怕。好在參慧天天住在這裏，對大蟒見怪不怪。參慧說：「徐施主請放心，大蟒不會主動咬人的。這個山洞，原來就是牠的地盤。我們來，只是打擾牠了。我們直接跨過去。」

徐霞客在外出考察時，各類蛇見過不少，也有些對付蛇的經驗，可這麼大的蟒蛇橫在面前，仍然不敢貿然上前。參慧已從巨蟒身上跨過去，看樣子，他已經司空見慣。

巨蟒像山一樣堵在面前，徐霞客感到一股冰涼的冷氣，渾身寒毛豎起來。如果跨過去，腳尖碰到巨蟒，或者踩到牠，那會是什麼後果呢？

徐霞客再一想，自己的身材，要比參慧高很多，他能跨過去，我能有什麼問題呢？徐霞客直接從巨蟒身上越過，回頭一看，牠仍然一動不動，這才放心。穴中雖幽深，沒有鐘乳石柱在空中變幻，但下邊有很多龍一樣的石脊，盤繞交錯地伏著，鱗甲爪子十分逼真，也是一處奇景。

遊完了陸洞，徐霞客又想要探遊水洞。參慧說：「水洞流急，且未知深淺，至今未有人探訪，恕不能為導。」徐霞客說：「流急不要緊，此洞很大，可划船而訪。」參慧見徐霞客如此執著，便答應幫著找船。

徐霞客也想辦法自己找船。他遇到兩個樵夫，請他們找船入真仙洞。兩個樵夫很熱心，找遍山下村莊，大部份沒有船，可有船的又嫌山高，過不來。

參慧回來了，說沒找到船。徐霞客說：「我們這麼多人，不會一點辦法都沒有。我倒有個主意：紮個小木筏進去。」參慧也覺得可行。於是，參慧命兩個樵夫，明早多帶幾個人來，伐木紮筏。

第二天大早，樵夫們就來了，正式開工做木筏。大家都覺得新奇，個個幹得有勁，效率很高，沒多長時間，木筏做好了。

徐霞客說：「各位師傅，你們做的這個筏好像太小了。」

樵夫說：「不小。您就坐在上面，我們走到水裏，做縴夫，一邊三個人拉你，保證沒問題。」

徐霞客很感動，命參慧把工錢先發給他們。拿了工錢的樵夫們，個個開心，還特地找了個木盆，放在木筏上，對徐霞客說：「徐先生，您坐在木盆裏，就不會沾溼衣服了。」

徐霞客坐在盆中，把腳放在木筏上。不知是新奇，還是工錢給得高，樵夫們很賣力。他們作了分工，有負責兩邊拉縴繩的，有負責用竹篙撐持的，後面還有用肩頭推的，前後有負責火把照明的，總之，小小的木筏，絕不亞於一頂八抬大轎的風光。

遇到深水或不太好拉縴時，就游泳，浮在水面，或拉或推，總之，要確保木筏前進。

真是一個仙人洞啊。由洞口溯流而入，仰望洞頂，但見彎隆高峻，兩側山崖的石壁，如劈開的翡翠夾著的美玉，層層石門重重洞穴，漸進漸異，明光皎然。

這是徐霞客一生中最難忘懷的一次旅行。這麼多人前呼後擁，他有點飄飄然的感覺，不由大聲朗誦起李白「流水杳然」、「別有天地」的詩句。太白的詩好像是專門為他今日之洞遊而吟詠的。

溶洞上方是空空的山洞，下邊積著青黑色的深淵，兩旁都有層層洞穴，鑲嵌在石壁上，地下河的水波蕩漾映照。

徐霞客回頭看自己進來的地方，與前面即將到達的地方，彼此照耀。如此炫幻的光景，讓人產生困惑：是人還是神仙，為什麼會來到這裏？全然無知。

負骨雞足山

靜聞是個執著的和尚，他與徐霞客的關係，可謂伴遊。他一路上跟著徐霞客，吃盡千辛萬苦，沒有半句怨言。特別是湘江遇盜，靜聞不顧生命危險，為徐霞客從匪徒的刀劍之下，搶救下一些經書和遊記，作為朋友，可謂忠心至誠。

徐霞客很關心靜聞的身體狀況，為趕行程，特地預定了馬匹，留給靜聞用。一天黎明，吃了早飯，徐霞客扶靜聞上馬。靜聞剛登上坐騎，由於渾身乏力，又隨即從馬上滾落下來。

徐霞客認為，這可能是馬的原因。他又牽著馬回去調換。結果，換了兩次馬，都無法行走。

徐霞客打算讓靜聞乘車走，可車子行走山路，上坡下坡，顛得厲害，不太實用。最後，徐霞客想出了辦法——用轎子抬。

花重金僱來三人抬轎。靜聞坐著轎子。徐霞客獨自先行，到前面驛站等靜聞，走了一里，一看四面都是山岡，荒草連綿。翻過一座山，回頭一看，靜聞的轎子還未過來。一直走到孟村。此時，靜聞仍未到，徐霞客就在一家店鋪中等靜聞。

左等右等，還是不見靜聞的轎子。徐霞客心裏焦急，愈是著急，愈是等不到。只要有路人走過，徐霞客即去詢問，都說途中未見轎子。徐霞客心裏很不安。

有個路人說，看見一個和尚，躺在牛車裏。

徐霞客一聽，不對，我僱的是轎子，怎麼變成了牛車呢？

徐霞客一邊走，一邊打聽。他見一個人就打聽一下。有人說見過，有人說沒見過。天色將晚。終於有個村民告訴徐霞客，說在一個叫天妃廟（位於今廣西柳州城中區）的地方，見過一個和尚。

於是，徐霞客又滿城打聽天妃廟的位置。等他找到的時候，渾身被汗水溼透，天也快黑了。

進入天妃廟，徐霞客與靜聞相遇。原來，花重金僱的三個轎夫，見靜聞孤身一人，就將他放在牛車上，一路顛簸，故意把靜聞送到這座荒野的寺廟，然後把靜聞的包袱、被蓋等交給寺中僧人，作為食宿費抵押，逕自離去。

徐霞客安慰靜聞說，只要人找到，比什麼都好，你在這裏安心養病。儘管此刻，徐霞客已經筋疲力竭，焦急、等待、無助……種種困苦，如漆黑的夜，向他襲來。

崇禎十年（一六三七年）八月二十三日，徐霞客、靜聞、顧行一行三人，乘舟過邕江，抵達南寧城。到達南寧後，靜聞的病情突然加重。

徐霞客將靜聞安頓在南寧崇善寺，委託僧人寶檀、雲白代為照料。

靜聞不吃不喝，滴水未進，身子極其虛弱，其症狀是：發冷、發熱、出汗、全身痠痛。經常嘔吐、腹瀉、咳嗽，有時昏迷，胡言亂語。徐霞客略懂些醫道，認為是南方瘴氣所致。自古以來，瘴氣是一種令人恐怖的病症，一旦染病，基本上就是宣告死亡。

靜聞似乎也知道，自己遇上了大麻煩。他把徐霞客叫到身邊，然後從身上取出那部用鮮血書寫的《法華經》，遞給徐霞客，有氣無力地說：「徐公，我命不久矣，這部血經，以及我的骨殖，拜託您，務請幫我帶到雞足山，如此，我無憾矣。」

徐霞客接過血經，說：「上人，向您發誓，我一定幫您完成心願！」

靜聞滿意地笑了，他說：「還有最後一件事，要求您。」

徐霞客說：「不管多少事，您請吩咐。」

靜聞有氣無力地說：「徐公，我請求您，離開我，您和顧行先離開這裏。走得遠遠的。」

徐霞客不解地問：「為什麼？」

靜聞說：「我不想讓你和顧行看到我離世時那副難看的模樣，請照顧我，讓我保持最後一點尊嚴。」

徐霞客說：「我怎麼可以讓你一個人留在這裏？這廟裏的和尚，我很不放心。」

靜聞說：「人世有病與無病，都是痛苦。我算是解脫，往生極樂。而你們，請立即離開，好嗎？」

徐霞客決定，尊重靜聞的決定。

臨行前，徐霞客留了一些錢給靜聞。想到靜聞體弱懼風，又找人用竹蓆修補漏風的窗戶。

臨別時，徐霞客看到靜聞露出慘淡的笑容，他不忍再看，一扭頭，帶著顧行匆匆回到船上，在無比的失落中，開始了自己的左江之行。

本來，徐霞客想讓顧行留下來照顧靜聞，可顧行身體也未痊癒。帶在身邊，路上可以照顧他。結果，顧行路上又生病，夜裏腹痛頓發，至晨，脹滿如鼓。

十月初八這天，正在太平府（位於今廣西崇左）考察的徐霞客，遇到從南寧匆匆趕來的一位僧人，得知靜聞病逝。徐霞客終夜不寐，立即返回南寧崇善寺。

靜聞被寶檀、雲白等寺僧火化後，草草埋於城郊。當徐霞客索要靜聞遺下的竹箱、經書、衣物等財物時，寶檀、雲白竟找出種種藉口，百般刁難，拒絕歸還，理由是，送走靜聞，需各種費用。

徐霞客向寺僧反覆交涉五六次，也無結果。無奈之下，徐霞客寫了一張揭帖，請求南寧郡太守吳公出面主持公道。太守大人怎麼可能為素不相識的一介布衣說話呢？南寧崇善寺的惡僧，給徐霞客留下了極其惡劣的印象。

後來，徐霞客找到了靜聞埋葬的地方，用一天時間，整理靜聞的骨殖，放入陶瓶中。他要完成靜聞的遺願，背骨雞足山。

臨行前，徐霞客再一次來到崇善寺，索取靜聞遺物，卻被寶檀、雲白鎖在屋內。寶檀惡狠狠威脅道：「你說我謀死靜聞，我恨不得謀殺你！」

聽到如此毛骨悚然的惡語，徐霞客意識到自己身處險境，不宜再留。徐霞客作出妥協：不再索要值錢的財物，只取走靜聞的戒衣和血經。

就這樣，徐霞客背著靜聞的骨殖繼續趕路。他走出南寧城的朝京門，在細雨濛濛中，頭也不回離開了南寧，去完成靜聞未竟的心願……

最後的旅程

當徐霞客和顧行拖著疲憊的身軀，衣衫襤褸地來到昆明時，他們看到了春城的陽光和鮮花，太陽正溫暖地照耀著。可他們高興不起來，因為沿途幾次被盜，旅資即將告罄，二人正為此焦慮。

徐霞客和顧行像流浪漢一樣，漫無目的地行走在昆明街頭。

突然，有人來到徐霞客面前，彬彬有禮問道：「閣下可是江陰徐霞客先生？」

徐霞客大驚，說：「正是。」那人說：「我家主人等您好久了。」

來人介紹說，主人唐大來，是陳繼儒的好友。陳繼儒早就寫信來，要接待您。今日有人報告，說街上出現兩人，風塵僕僕，估計就是你倆。

在唐大來等朋友的幫助下，徐霞客的旅行狀況終於有了好轉。稍為安頓之後，立即前往大理雞足山，完成靜聞的遺願。徐霞客在雞足山悉檀寺，見到了弘辨、安仁兩位大師，獻上了靜聞的遺骨和血經。兩位大師聽完徐霞客的講述，瞭解了靜聞的心願和一路經歷，潸然淚下。當即決定，為靜聞擇地築塔安葬。同時，待徐霞客為上賓，提供一切幫助。

徐霞客在雲南邊境旅行一段時間後，返回雞足山不久，又遭受了一次精神上的打擊：一直忠心耿耿的顧行，竟不辭而別，捲走了徐霞客所有的錢物。

這讓徐霞客傷感不已，他說：「離鄉三載，一主一僕，形影相依，一旦棄余於萬里之外，何其忍也！」當時，有人建議徐霞客派人去追，量他沒走多遠。

徐霞客搖搖頭，不想這麼做。他說：「不一定能追到。追到了，也不好強行要人家留下來。由他去吧。」

有了朋友的幫助，徐霞客在雲南進行了一些山川考察。有一次，他從滇中的昆明地區經楚雄州，再到滇西的大理州、滇西北的麗江，對金沙江水系進行大量考證，探尋流入金沙江眾多河流的有關情形。在元謀，他選取金沙江幹流典型河段，到江邊、江上作詳細考察，最終指出金沙江是長江上源，否定儒家經典的「岷山導江」說。

由於徐霞客長期徒步行走，舊疾復發，他的腳病一直沒有治好。

但是徐霞客並沒有因此退卻。他一邊積極治療，一邊應麗江土司木增之約請，在雞足山悉檀寺修《雞足山志》。

徐霞客享受著大理冬日的暖陽。偶爾走出門外散步，這才發現春天早已來臨，在草木間棲息了一個冬天的大雁、海鷗、白鷺、黃鴨等飛鳥，紛紛離開溫暖的枝頭，成批成批地向北方飛去。候鳥們在天空中遷飛的身影鋪天蓋地，經日不絕。

徐霞客遙望北歸的大雁，想到離開故鄉已近四載。家中妻兒，一切情形全然無知。心中忽生歸意。

修好《雞足山志》後，徐霞客的身體卻愈來愈糟，特別是雙腳已無法站立。他告訴土司木增：「余半生瓢飲，夢寐名山。今離家四載，甚念家中妻兒老小，想回歸故里。」

木增同意了徐霞客的請求，並為他選派了八名精壯的納西族漢子，用滑竿抬著徐霞客，一路送他回家。經過一百五十多天的顛簸，至湖北黃岡。在這裏，徐霞客遇到了黃岡縣令侯鼎鉉。

侯鼎鉉是黃道周的弟子，也是徐霞客的一個遠親。侯縣令僱了大船，徐霞客轉走水路，順江而下。

崇禎十三年（一六四〇年）仲夏，徐霞客順利抵達江陰。次年，在暘岐家中病故，享年五十六歲。徐霞客臨終前，把塾師季夢良叫來，囑咐道：「夢良賢弟，我有個重要的事想託付你來完成。我所有的旅行日記，都放在這個行囊裏，你的為人學識，我最信得過。在外這些年，基本上每天都有記錄，但散亂無緒，就麻煩你幫我編輯整理一下。」

季夢良不負重託，不辭辛勞，用了兩年時間，整理出《徐霞客遊記》。

那年秋天，季夢良把整理好的《徐霞客遊記》，輕輕放在暘岐村徐霞客的墓前。暘岐村的蘆葦花早早開放，秋風吹過，蘆葉摩擦發出沙沙聲響。遠遠望去，蘆花如銀似雪，彷彿與雲天連成一片，讓人感覺那蘆葦深處，撲朔迷離，充滿奇幻。

徐霞客生平簡表

一五八二年（明神宗萬曆十年）

內閣首輔張居正卒。

明智光秀襲殺織田信長。

一五八六年（萬曆十四年）

明神宗萬曆皇帝開始不上朝，期間長達三十年。

一五八七年（萬曆十五年）

豐臣秀吉頒佈《伴天連追放令》，定天主教為邪教。

一五八八年（萬曆十六年）

努爾哈赤統一建州五部。

英國海盜德雷克擊敗西班牙無敵艦隊，英國開始稱霸。

一五八六年（明神宗萬曆十四年）

十一月二十七日（一五八七年一月五日），生於南直隸常州府江陰縣暘岐村，父徐有勉，母王孺人。

一五八九年（萬曆十七年）

法國國王亨利三世去世瓦羅亞王朝絕。

亨利四世繼承王位，史稱波旁王朝。

一五九〇年（萬曆十八年）

豐臣秀吉統一日本。

伽利略在比薩斜塔作自由落體實驗。

一五九二年（萬曆二十年）

豐臣秀吉侵略朝鮮。

一五九三年（萬曆二十一年）

李時珍完成《本草綱目》，同年卒。

豐臣秀吉派松前慶廣佔領蝦夷地全域，

包括庫頁島。

一五九七年（萬曆二十五年）

日軍再侵朝鮮。

一五九八年（萬曆二十六年）

明軍出兵援朝。豐臣秀吉卒，日軍撤回。

一五九九年（萬曆二十七年）

努爾哈赤命額爾德尼和噶蓋創製滿文。

一六〇一年（萬曆二十九年）

義大利人利瑪竇到北京。

一六〇三年（萬曆三十一年）

征夷大將軍德川家康於江戶設幕府，號令全國，日本江戶時代開始。

「童貞女王」伊莉莎白一世卒，都鐸王朝絕。蘇格蘭國王詹姆士六世繼承英格蘭及愛爾蘭王位，稱詹姆士一世，開啟斯圖亞特王朝。

一六〇四年（萬曆三十二年）

法國開始殖民北美洲。

一六〇七年（萬曆三十五年）

英國開始殖民北美洲。

一六〇九年（萬曆三十七年）

阿姆斯特丹證券交易所成立。

一六一〇年（萬曆三十八年）

利瑪竇卒。

一六〇一年（萬曆二十九年）

赴江陰參加童子試，未中。趁此遊邑城瀕江諸山，第一次看到萬里長江的奔騰壯闊。

一六〇四年（萬曆三十二年）

父卒。居暘岐村守孝三年。

一六〇七年（萬曆三十五年）

娶江陰著名詩人許學夷之女為妻，並與許學夷同遊太湖等勝蹟。

一六〇九年（萬曆三十七年）

沿京杭大運河北上，登泰山，遊孔廟、孔林、孟廟，登嶧山，入京師。

一六一一年（萬曆三十九年）

伽利略使用望遠鏡確認了太陽黑子的存在。

一六一三年（萬曆四十一年）

米哈伊爾·羅曼諾夫當選俄國沙皇，是羅曼諾夫王朝的開創者。羅曼諾夫王朝是俄國歷史上最強盛的王朝。

一六一六年（萬曆四十四年）

《牡丹亭》作者湯顯祖歿。

愛新覺羅努爾哈赤建立後金。

藏傳佛教竺巴噶舉派僧人阿旺·納姆伽爾建立不丹王國。

莎士比亞、塞萬提斯卒。

一六一三年（萬曆四十一年）

赴浙江遊洛迦山，首次遊天台山、雁蕩山。

一六一四年（萬曆四十二年）

冬遊南京。

一六一六年（萬曆四十四年）

赴皖南，遊白岳、黃山，入福建，遊武夷山。

一六一七年（萬曆四十五年）

遊江蘇宜興善卷洞、張公洞。妻許氏去世。

一六一八年（萬曆四十六年）

建州左衛都督努爾哈赤以「七大恨」誓師，宣布脫離明朝統治。

歐洲三十年戰爭爆發。

一六一九年（萬曆四十七年）

明後金薩爾滸之戰。

荷蘭東印度公司佔領爪哇，建立巴達維亞城。

一六二四年（明熹宗天啟四年）

荷蘭人築熱蘭遮城。

一六二五年（天啟五年）

後金從遼陽遷都瀋陽，改名盛京，開始建造瀋陽皇宮。

冤殺熊廷弼，傳首九邊。

一六一八年（萬曆四十六年）

遊江西廬山，再遊黃山。

一六二三年（明熹宗天啟三年）

遊河南嵩山、陝西華山和湖北武當山。

一六二四年（天啟四年）

母親王孺人八十壽慶，請畫家作〈秋圃晨機圖〉。隔年王孺人去世。

一六二六年（天啟六年）

努爾哈赤卒，第八子皇太極嗣，是為太宗文皇帝。

西班牙登陸雞籠。

一六二八年（明思宗崇禎元年）

土爾扈特人離開新疆塔爾巴哈台，遷徙到伏爾加河下游、裏海旁，建立土爾扈特汗國。

一六三〇年（崇禎三年）

六月，張獻忠起事。

崇禎皇帝誤信金之反間計殺袁崇煥。

德國天文學家克卜勒卒。

一六三二年（崇禎五年）

沙俄與波蘭立陶宛聯邦爆發斯摩棱斯克戰爭。

泰姬瑪哈陵開始建造。

一六二八年（明思宗崇禎元年）

第三次前往福建，南抵漳州，並前往廣東羅浮山，訪鄭鄤。

一六二九年（崇禎二年）

沿運河北上，至京師，遊盤山、燕山等地。

一六三〇年（崇禎三年）

訪常州鄭鄤。聞黃道周復官進京，急乘小舟追之，相會於丹陽。

第四次福建之行，途中，登浮蓋山絕頂。

一六三二年（崇禎五年）

與族兄徐仲昭再遊浙江天台山、雁蕩山。

一六三三年（崇禎六年）

明朝與荷蘭發生海戰，水師提督鄭芝龍於福建大敗荷軍新式艦隊。

徐光啟歿。晚年編纂集中國古代農學之大成的《農政全書》。

一六三五年（崇禎八年）

日本幕府將軍德川家康下鎖國令，此後兩百一十九年為鎖國時期，日本與世界關係斷絕。

一六三六年（崇禎九年）

清太宗皇太極即位，改國號為清。

荷蘭烏特勒支大學成立。

美國哈佛大學成立。

一六三七年（崇禎十年）

宋應星《天工開物》刊行。

英格蘭王國查理一世派遣威德爾率領五艘商船到達虎門，提出貿易要求，引發了中國和英國第一次軍事衝突。

一六三三年（崇禎六年）

至京師，轉赴山西，遊五台山及恆山，再次下福建，遊漳州，訪黃道周。

一六三六年（崇禎九年）

是年秋，徐霞客感到老病將至，毅然踏上旅途，開始萬里遐征。同行者有江陰迎福寺僧人靜聞、王二（出發不久即逃走）、顧行。

一六三七年（崇禎十年）

由湖南入廣西。乘舟自湘江上行，在新塘遇劫，川資盡失。

靜聞和尚於廣西南寧崇善寺病故。

一六三八年（崇禎十一年）

清軍趨涿州，孫承宗率領全家子孫拒守高陽城，城破，一家四十餘口皆壯烈戰死；盧象昇率五千殘卒，在鉅鹿與清軍激戰中力戰死，全軍覆沒。

一六四〇年（崇禎十三年）

張獻忠入四川，李自成入河南。

葡萄牙脫離西班牙哈布斯堡王朝統治。

一六四一年（崇禎十四年）

荷蘭趕走西班牙人佔領台灣。

一六四二年（崇禎十五年）

法王路易十四即位，年僅五歲。

一六四四年（崇禎十七年，清順治元年）

李自成入北京。崇禎皇帝朱由檢於北京煤山（今景山）自縊身亡。五月清軍入北京。

一六三八年（崇禎十一年）

由貴州入雲南。

一六三九年（崇禎十二年）

在雲南考察。顧行逃走。

一六四〇年（崇禎十三年）

是年夏天，由雲南返回故鄉江陰。

一六四一年（崇禎十四年）

正月二十七日（三月八日），病逝。

嗨！有趣的故事

徐霞客

責任編輯：苗　龍
裝幀設計：盧穎作
著　　者：朱千華

出　　版：中華教育
　　　　　香港北角英皇道 499 號北角工業大廈一樓 B
電　　話：(852) 2137 2338
傳　　真：(852) 2713 8202
電子郵件：info@chunghwabook.com.hk
網　　址：http://www.chunghwabook.com.hk

發　　行：香港聯合書刊物流有限公司
　　　　　香港新界大埔汀麗路 36 號中華商務印刷大廈 3 字樓
電　　話：(852) 2150 2100
傳　　真：(852) 2407 3062
電子郵件：info@suplogistics.com.hk

版　　次：2020 年 2 月初版

規　　格：16 開（210mm × 148mm）
I S B N：978-988-8674-48-0

本書繁體中文版由中華書局授權出版

Hi! Story

Hi! Story · Hi! Story · Hi! Story